Obgleich Hamburg seit Jahrhunderten von seinen Kaufmännern, See-
fahrern und Reedern profitiert, waren es immer wieder gerade die Frauen,
die das »Tor zur Welt« weit aufstießen. Thomas Bleitner stellt in diesem
Buch 14 Frauen vor, die als Schriftstellerinnen, Musen, Salonièren, Kauf-
frauen, Publizistinnen oder Frauenrechtlerinnen ihre Spuren an der Alster
hinterlassen haben. Dabei belegen geistreiche Briefwechsel, verlegerische
Weitsicht, politischer Mut und schriftstellerische Begabungen, dass gebildete Hamburgerinnen immer wieder Herausforderungen annahmen, kleine Ärgernisse provozierten, große Erfolge für sich reklamieren konnten
und stets mehr zu bieten hatten als Geld und gute Manieren.

Mit Meta Klopstock, Lida Gustava Heymann, Gertrud Bäumer, Ida Dehmel, Erika Mann, Clara Reyersbach, Marion Dönhoff, Heidi Oetinger u.v.a.

Thomas Bleitner, geboren 1966, ist Mitinhaber der Buchhandlung Lüders
in seiner Heimatstadt Hamburg. Zudem hat er als Literaturwissenschaftler
Texte u.a. zum literarischen Expressionismus und über den Wiener Autor
Leo Perutz veröffentlicht. Er ist verheiratet und Vater zweier Söhne. 2011
erschien *Hamburgerinnen, die lesen, sind gefährlich* sowie 2014 *Frauen der
1920er Jahre* im Elisabeth Sandmann Verlag.

THOMAS BLEITNER

Hamburgerinnen,

die lesen,
sind gefährlich

Insel Verlag

Inhalt

39

Rebellinnen

Revolution und Frauenrecht zur Jahrhundertwende

～～～～～

Hamburg, Jungfernstieg

Vorwort

Ein kulturgeschichtlicher Blick auf Hamburg zeigt: Immer wieder waren es gerade die Frauen der Hansestadt, die das »Tor zur Welt« weit aufstießen. Schon seit Jahrhunderten profitiert die Elbmetropole – die Stadt der Kaufmänner, Seefahrer und Reeder – vom vielfältigen Engagement seiner Bürgerinnen. Im nüchternen, von Wirtschaft und Vernunft geprägten Milieu einer Handelsstadt ist dieses allerdings weniger augenfällig als in höfisch-kulturellen Residenzen und »Musentempeln« wie etwa Berlin, Wien oder gar Paris. Der Gefahr, allein auf merkantile Merkmale und repräsentative Funktionen reduziert zu werden, sahen sich die Hamburgerinnen schon früh ausgesetzt. – Am Jungfernstieg, schreibt Heinrich Heine, »da stolzieren die schönen Kaufmannstöchter, mit deren Liebe man auch so viel bares Geld bekömmt«; sie seien, knüpft Theodor Fontane später an, »alle so zweifelsohne, haben innerlich und äußerlich so 'was ungewöhnlich Gewaschenes und bezeugen in Allem, was sie thun und nicht thun, die Richtigkeit der Lehre vom Einfluß der guten Kinderstube«.

Als vornehm, da ist Fontane unumwunden zuzustimmen, gelten Hanseatinnen seit jeher, und wohlhabend waren sie auch – sofern sie jenen gutbürgerlichen Kreisen entstammten, in denen Heine sich in seiner Hamburger Zeit bewegte. Trotzdem hatten die Frauen der Stadt schon früh sehr viel mehr zu bieten als Geld und gute Manieren. Selbst wenn es in Hamburg nüchterner zugegangen sein mag als anderswo, engagiert, kämpferisch und zielbewusst waren die Frauen auch dort und konnten dabei, wenn nötig, sehr unbequem werden.

Jede Metropole hat – schon allein durch ihre Lage und Geschichte – einen spezifischen Charakter, die Phasen gesellschaftlichen Wandels verlaufen individuell. Auch Hamburg erlebte im Laufe der Jahrhunderte viele Umbrüche, häufig bedingt durch Kriege und Revolutionen, die das Geschehen in ganz Europa bestimmten. Spätestens mit Beginn der Aufklärung bricht in der Stadt eine Ära an, in der die gesellschaftliche Einflussnahme von Frauen besonders evident wird. Dass Künstler und Intellektuelle seit 1750 den Weg in die Patrizierhäuser fanden und dort neue Ideen verbreiten konnten, war ein maßgebliches Verdienst von Hamburgs Salonièren. Und der Prozess wiederholte sich: Die kulturellen und sozialen Aufbrüche, die Hamburg in den folgenden 200 Jahren erleben sollte, waren wesentlich von Frauen gefördert – wenn nicht gar initiiert. So wirkten gerade in Hamburg um die Jahrhundertwende viele Pionierinnen der Frauenbewegung, kämpften um Frauenbildung, Wahlrecht und Selbstbestimmung und hatten letztendlich Erfolg. Auch die kühne Avantgarde der frühen Zwanzigerjahre, die den Expressionismus in die Stadt trug, ihr damals ein überaus vitales Kulturleben bescherte und nebenbei noch ausschweifende Feste feierte, war bei Weitem keine Männerdomäne. Und nach der Zäsur 1945, zur Nachkriegszeit, bewiesen zahlreiche Hamburgerinnen mindestens ebenso viel Unternehmergeist, Gründerqualitäten und Mut zum Neubeginn wie ihre männlichen Zeitgenossen.

»Hamburgerinnen, die lesen, sind gefährlich« verfolgt die Spuren avantgardistischer Frauen, die das Kulturleben ihrer Stadt seit der Aufklärung geprägt haben. Über vier Kapitel werden vierzehn Frauenviten beschrieben, die signifikant für jene Zeitabschnitte sind, in denen Hamburg maßgebliche Gesellschaftsumbrüche erlebt hat. Der Bogen ist dabei sehr weit gespannt – über fast 250 Jahre. Eine vollständige, alle Facetten erfassende Darstellung können die biografischen Skizzen selbstverständlich nicht leisten; viele Frauen, die gewiss ebenso wie die hier versammelten Erwähnung und Würdigung verdient hätten, konnten notgedrungen nicht berücksichtigt werden. Eine echte Frauengeschichte der Stadt muss ohnehin erst noch geschrieben werden, die Hamburgerinnen – das jedenfalls sollen die folgenden Porträts deutlich machen – haben es definitiv verdient.

Thomas Bleitner

Bürgerinnen

Musen und Salonièren seit 1750

Die zweite Hälfte des 18. Jahrhunderts war für Hamburg eine goldene Zeit, mit der Aufklärung erblühte die Stadt. Schon 1712 hatte eine Verfassungsreform den Hanseaten ein großes Maß an Unabhängigkeit beschert, und seit dem Gottorper Vertrag von 1768 pflegte man auch zu den Dänen – insbesondere zur Nachbarstadt Altona, damals die zweitgrößte Stadt des Königreichs Dänemark – freundschaftliche Beziehungen. Mit diplomatischem Geschick gelang es den Stadtoberen, die Handelsinteressen Hamburgs gegenüber den Großmächten und umliegenden Territorialstaaten zu wahren und die Stadt aus kriegerischen Auseinandersetzungen herauszuhalten. Hamburg wuchs; um 1785 zählte man 100.000 Einwohner, um 1800 schon 130.000. Der Status als freie Handelsstadt schuf Selbstbewusstsein. Wer, wie die wohlhabenden hanseatischen Händler, im Besitz des vollen Bürgerrechts war, genoss maximale Entschlussfreiheit. Die Großkaufleute bestimmten die Geschicke Hamburgs mit seiner signifikanten Handelsader, der Elbe, und waren nach vielen Seiten offen.

Der merkantile Aufschwung zog den kulturellen nach sich: Hamburg wurde attraktiv für Intellektuelle und Künstler, die frischen Wind und neue Ideen in die Stadt trugen und sie zu einem Zentrum der Aufklärung in Deutschland machten. Anfängliche Skepsis war bei den klassenbewussten Hanseaten freilich vorhanden. – Der große Dichter Friedrich Gottlieb Klopstock etwa war beim Kaufmann Martin Hulle, seinem späteren Schwiegervater, zunächst keinesfalls wohlgelitten. Doch es war nur eine Frage der Zeit, bis der liberale Geist der Stadt die Vertreter von Wirtschaft und Kultur schließlich zusammenbrachte. Immer mehr Salons mit Künstlern, Kaufleuten und Intellektuellen entstanden, man traf sich in den großzügigen Patrizierhäusern, vornehmlich in der südöstlich der Alster gelegenen Altstadt, zum Gedankenaustausch und gemeinsamen Lesen. Bücher waren zu jener Zeit noch schwer zugänglich und teuer; erst 1796 eröffnete der Verleger und Buchhändler Friedrich Perthes in Hamburg die erste reine Sortimentsbuchhandlung – gleichzeitig die erste ganz Deutschlands. Die Lesegesellschaften und Salons waren beliebte Veranstaltungen, nicht nur zum Austausch von Meinungen und Ideen, sondern auch zur Verbreitung von Büchern.

Dass diese Art der Geselligkeit damals so populär wurde, ist Hamburgs Frauen zu verdanken – sie schlugen die Brücke zwischen Wirtschaft und Kultur. Während die überlegten, nüchternen Kaufmänner ihren kunstschaffenden Zeitgenossen zunächst eher reserviert begegneten, begeisterten sich vor allem ihre Frauen und Töchter für deren Werke. Als Gastgeberinnen der Salons trugen sie Literatur vor und regten zu Diskussionen an – sie nahmen an der zeitgenössischen intellektuellen Bewegung teil. Und einige wurden selbst leidenschaftliche Anhängerinnen der Aufklärung. Der Umgang war sehr kultiviert und dennoch leger: »In den Häusern, die ich sah, Sievekings, Reimarus, Voght«, schreibt Wilhelm von Humboldt 1796, »ist der Ton so gut, als er nur irgend sein kann, und doch im Ganzen mehr bürgerlich, als vornehm, in andern Gesellschaften mag es steifer hergehn.« Die anregende Atmosphäre der Salons erwies sich als überaus fruchtbar für das Geistesleben der Stadt. Und gerade für die Frauen schuf die Teilhabe an gesellschaftlichen Diskursen ein neues Selbstbewusstsein. Sie gingen – als stolze Bürgerinnen – ihre eigenen Wege: Meta Klopstock entsagte der Konvenienzehe und heiratete den Mann, den sie wollte, und Eva König nahm den wirtschaftlich unbegabten Lessing erst zum Ehemann, nachdem sie selbst ihre komplizierten Erbschafts- und Finanzangelegenheiten geordnet hatte.

Amalia Schoppe ist, als Autorin wie als Salonière, eine Hamburgerin der nächsten Generation. Das hohe Maß an Unabhängigkeit, das ihr der Erfolg als Berufsschriftstellerin bescherte, kannten ihre Vorgängerinnen noch nicht. Auch ihr Salon war Treffpunkt der Avantgarde, die Orientierung aber politischer: Die Jungdeutschen, die die restaurative Politik des Deutschen Bundes anprangerten und sich als Erben der Aufklärung verstanden, gingen dort ein und aus. Frauen wie Schoppe und ihre Freundin Rosa Maria Assing führten die Tradition aus Hamburgs Blütezeit fort; ihnen verdankt die Stadt, dass viele damals verfolgte Schriftsteller sich gerade in Hamburg sehr wohlfühlten.

Meta Klopstock
(1728 – 1758)

*»Was würde ich mit einem Kaufmann
oder einem Gelehrten, der in Einer Wissenschaft
eingeschränkt ist, haben sprechen können?
Vom Wetter u Schauspielen?
Welch eine Unterredung zwischen Mann u Frau!«*

Geboren am 16. März 1728 als Tochter einer Hamburger Kaufmannsfamilie • 1736 Tod des Vaters Peter Moller • 1737 zweite Ehe
der Mutter Catharina Margaretha mit dem Kaufmann Martin Hulle
• um 1750 Umzug zur Schwester Elisabeth Schmidt • 1751 erste
Begegnung mit Friedrich Gottlieb Klopstock und Beginn des um-
fangreichen Briefwechsels zwischen beiden • 1754 Hochzeit und
Übersiedlung zu Klopstock nach Kopenhagen • 1758 Rückkehr
nach Hamburg, um sich bei der Schwester auf die bevorstehende
Niederkunft vorzubereiten • gestorben am 28. November 1758 nach
einer Totgeburt • 1759 Überführung auf den Hof der Christianskirche in Ottensen; Herausgabe ihrer »Hinterlaßnen Schriften«
durch Friedrich Gottlieb Klopstock

1756 schreibt die Hamburger Kaufmannsgattin Elisabeth Schmidt in einem Brief an ihre Schwester Margareta, genannt Meta: »Du warst doch wahrlich von der Natur bestimmt, eine Autorin zu werden, u da du es nicht seyn wolltest, so mustest du den doch eines Autors (dies Wort im besten Verstande) Frau werden. Ja zur Dichterin bistu gebohren.« – Zur Dichterin geboren war Meta Klopstock, die junge Ehefrau des Hamburger Dichters Friedrich Gottlieb Klopstock, in der Tat. Ihre Briefe an den Ehemann und die gemeinsamen Freunde und Verwandten sind Zeugnis einer Form literarischen Schreibens, die bis dato einmalig war und an Temperament und Gefühlsstärke stellenweise sogar die Leidenschaft von Goethes »Werther« vorwegnahm. Sie stammen aus der Feder einer glücklichen Frau, die ihre eigentlich unstandesgemäße Verbindung mit dem Dichter Klopstock, der unmittelbar vor ihrem Kennenlernen noch als Hauslehrer im provinziellen Langensalza gearbeitet hatte, hartnäckig und gegen vielerlei Widerstände innerhalb der Familie durchgesetzt hatte. – Ein Umstand, der auch in liberalen, aufgeklärten Kreisen des Hamburger Bürgertums, in denen die Klopstocks sich bewegten, keinesfalls selbstverständlich war. »Wie sehr fühle ichs jede Stunde, daß Niemand als Kl[opstock] mir hätte Mann seyn können. Wie zittre ich manchmal wenn ich denke, dass es doch hätte eine Möglich-

---

Meta Klopstock, Gemälde von
Dominicus van der Smissen, 1754

keit seyn können, einen andern Mann zu kriegen«, schreibt Meta an ihre Schwester Elisabeth, die ihr wiederum bescheinigt, wirklich ein »ganz ander Mädchen wie andre« zu sein. Meta Moller, so ihr Geburtsname, war eine von drei Töchtern einer wohlhabenden Hamburger Kaufmannsfamilie, geboren 1728 und aufgewachsen im geistigen Klima zwischen Aufklärung und Empfindsamkeit. Schon früh schwärmte sie für Klopstocks Dichtung des »Messias«, deren erste drei Gesänge 1748 veröffentlicht wurden, und hatte sich in den Kopf gesetzt, den Verfasser jener bahnbrechenden Verse persönlich kennenzulernen. Mithilfe eines gemeinsamen Freundes, des Theologen Nikolaus Dietrich Giseke, den Klopstock aus seiner Studienzeit in Leipzig kannte, arrangierte Meta ein Zusammentreffen in der schwesterlichen Wohnung in der Großen Reichenstraße, wo sie zu jener Zeit wohnte. Dabei hatte Klopstock, der damals sehr unglücklich in seine Kusine Maria Sophia Schmidt verliebt war, zunächst offenbar nur wenig Lust auf die Zusammenführung. Er würde schließlich nach Hamburg fahren, um den großen Dichter Friedrich Georg Hagedorn zu besuchen und nicht, »um Mädchens zu sehen«, soll er Giseke gegenüber geäußert haben. Gefunkt hat es dann aber trotzdem. Sehr anschaulich und mit bemerkenswerter Offenheit beschreibt Meta ihr erstes Treffen und die entscheidenden Momente während der gemeinsamen »Messias«-Lektüre: »Ich fing an zu lesen, konnte aber nicht fortfahren, weil ich einen zu starken Fluß auf den Augen hatte. Kl[opstock] las. Er hielte meine Hand. Das Herz schlug mir gewaltig, unsere Hände wurden immer heisser, immer heisser, ich fühlte sehr viel u, ich glaube, Kl. auch. Er las ein Stück aus dem Mess: Die Schm[idt, Metas Schwester] war dazugekommen. Er fragte, ob er nicht einen Kuß dafür

verdient hätte? Die Schm. sagte ja. Ich sagte, ich küste keine Mannsperson. Er disputirte viel dagegen. Ich dachte, warum küst der Affe dich denn nicht? Du kannst ihm den Kuß ja nicht geben!«

Ein reger Liebesbriefwechsel entspann sich zwischen Meta in Hamburg und Klopstock in Kopenhagen, wohin dieser auf Einladung des dänischen Königs Friedrich V. als Hofpoet für einige Jahre übergesiedelt war. Gegen das Interesse und den Widerstand ihres Stiefvaters, des Kaufmanns Martin Hulle, kam es 1752 zur Verlobung und knapp zwei Jahre später, im Juni 1754, schließlich zur Trauung in der Hamburger St.-Petri-Kirche. Die Kaufmannstochter und der Dichter – eine Liebesheirat war es, womit sich Metas Verbindung von den Konvenienzehen, die ihre Schwestern nach damals gän-

Grabmal Meta Klopstocks in Hamburg-Ottensen

21

giger Praxis noch hatten eingehen müssen, klar abgrenzte. Meta erschien insgesamt schon deswegen sehr viel moderner als ihre Schwestern und die meisten Hamburger Bürgerinnen des 18. Jahrhunderts, weil sie für ihr jugendliches Alter außerordentlich gebildet war. Sie las französische, italienische und lateinische Literatur, ihre besondere Vorliebe galt aber der englischen. Die Korrespondenz mit dem Schriftsteller Samuel Richardson, dessen Briefroman »Clarissa« sie sehr bewunderte (was ihr wiederum vonseiten Klopstocks den Spitznamen »Clärchen« einbrachte), zeugt von ihrer Sprachgewandtheit im Englischen. Nicht zuletzt die hohe Bildung verschaffte ihr großes Ansehen in der Hamburger Gesellschaft. Und Meta Klopstock war es schließlich auch, die ihren Mann in die Zirkel des gehobenen Bürgertums einführte, in die Lesegesellschaften, in deren Zentrum Klopstock Jahrzehnte später stehen sollte, als er im Hause der Kaufleute Georg Heinrich Sieveking, Caspar Voght und anderer zum umschwärmten Dichterfürsten aufgestiegen war. Dort traf er auch auf Eva König, Lessings Ehefrau, die ihrem Mann höchst amüsiert ihre Eindrücke vom bunten, fast fiebrigen Treiben um den Hamburger »Starliteraten« schildert: »Meine Imagination stellte mir gleich den ganzen Kreis der Damen vor, und ihn mitten darinnen voller Entzückung, indem er bei einer rührenden Stelle die Tränen von den Wangen seiner Zuhörerinnen herunter rollen sah.«

Als Klopstock sich auf dem Weg zum Höhepunkt seines Ruhmes befand, war er bereits Witwer. – Wie dicht Glück und Unglück zu jener Zeit häufig zusammenlagen, belegt die kurze Ehezeit Metas, die letzten Jahre ihres Lebens. Nach ihrem Umzug nach Kopenhagen 1754 und zwei Fehlgeburten wurde sie Anfang 1758 erneut schwanger und zog zurück zu ihrer Schwester nach Hamburg, um sich dort schonend auf die Geburt vorzubereiten. Nachdrücklich zeugen die Briefe jener Zeit von der Ambivalenz ihrer Empfindungen, von Ängsten, Ahnungen und Hoffnung: »Du weist, ich hab immer gewünscht, die Nachbleibende zu seyn, weil ich wohl weiß, daß dieß das schwerste ist. Doch vielleicht will Gott, daß du es seyn sollst, und vielleicht hast du mehr Kräfte«, prophezeit sie Klopstock, doch schon ein paar Tage später schreibt sie: »Ach, ich will alle die Stellen zerreissen, worin von meiner Unruhe steht.« Zwei Monate blieben ihnen noch, nachdem Klopstock schließlich aus Kopenhagen angereist war. Am 28. November 1758 starb Meta nach einer Totgeburt und der darauffolgenden Operation. Beigesetzt wurde sie in Ottensen vor der Christianskirche, die volkstümlich »Klopstockkirche« heißt, dort, wo 45 Jahre später vor 25.000 Trauernden schließlich auch das Begräbnis ihres Mannes stattfand. In ihren »Hinterlaßnen Schriften«, die Klopstock ein Jahr nach ihrem Tod herausgab, wirbt sie für das christlich bestimmte Ideal der Liebesehe, und bis weit ins 19. Jahrhundert hinein galt ihr Grab als eine Art Wallfahrtsort für Frischverliebte, dem unter anderem Theodor Fontane noch 1891 in seinem Roman »Unwiederbringlich« huldigt – als Stätte »bleibender Momente«, die »das Leben vertiefen«.

～～～～～～～～～

Eva König
(1736 – 1778)

*»Haben Sie die Recension von Claudius
über Klopstocks Oden noch nicht gelesen, so schicke
ich sie Ihnen. Schicken Sie mir
bald davor die Erbsen und Linsen.«*

Aus einem Brief an Lessing

Geboren am 22. März 1736 in Heidelberg • 1756 Hochzeit mit dem Hamburger Kaufmann Engelbert König • 1767 Gotthold Ephraim Lessing kommt nach Hamburg, ist regelmäßig Gast im Salon der Königs am Neuen Wall • 1768 Gründung der ersten von zwei Fabriken Engelbert Königs in Wien; Lessing wird Taufpate des jüngsten Sohnes Friedrich Wilhelm • 1769 Tod Engelbert Königs in Venedig • 1770 Beginn des Briefwechsels mit Lessing; Aufbruch zu einer mehrmonatigen Reise nach Wien • 1771 Verlobung mit Lessing • 1772 erneuter Aufbruch nach Wien; nach dreijährigem Aufenthalt erfolgreicher Verkauf beider Fabriken • 1776 Hochzeit mit Lessing in Jork und Umzug nach Wolfenbüttel • 1777 Geburt eines Sohnes, der nach zwei Tagen stirbt • gestorben am 10. Januar 1778 am Kindbettfieber • 1789 Herausgabe ihres Briefwechsels mit Lessing durch dessen Bruder Karl Gotthelf Lessing

Nur einige Straßen entfernt von dem Haus in der Großen Reichenstraße, in dem Meta Klopstock 1758 am Kindbettfieber starb, lebte zu jener Zeit nahe der Börse die 22-jährige Eva Charlotte König mit ihrem Mann, dem Seidentuchhändler Engelbert König. Das junge Ehepaar hatte sich erst kurz zuvor dort niedergelassen, und da die Geschäfte im Seiden- und Tapetenhandel florierten – der Hamburger Rat betrieb im Preußisch-Österreichischen Krieg, der zu jener Zeit rund um die Hansestadt wütete, eine äußerst umsichtige, kluge Handelspolitik –, bezog man schon bald darauf eines der schönen Stadthäuser am vornehmen Neuen Wall.

1766 trat Engelbert König der angesehenen *Patriotischen Gesellschaft* bei, der – wie sie ursprünglich hieß – *Hamburgischen Gesellschaft zur Beförderung der Manufacturen, Künste und Nützlichen Gewerbe,* die bis heute existiert. Gründer dieser den Idealen der Aufklärung verpflichteten Vereinigung war der einflussreiche Hamburger Theologe Hermann Samuel Reimarus.

Wie im Hause Reimarus versammelte sich auch bei der außerordentlich gastfreundlichen Familie König am Neuen Wall, unweit des Jungfernstiegs, über den man gerne gemeinsam flanierte, die gebildete, liberal gesinnte Elite der Stadt. Zu einem der besten Freunde der Familie avancierte dabei der gerade zugewanderte Dramaturg des neuen

Porträt Eva Königs, Ehefrau Lessings,
undatiert

Deutschen Nationaltheaters in Hamburg: Gotthold Ephraim Lessing.

Sieben Kinder brachte Eva König bis 1768 zur Welt, nur vier davon überlebten. Lessing wurde Taufpate des jüngsten, des Sohnes Friedrich Wilhelm, und als Engelbert König zu einer Geschäftsreise nach Italien aufbrach, nahm er Lessing zuvor das Versprechen ab, sich um seine Frau und die Kinder zu kümmern, falls ihm auf der Reise etwas zustieße. Die Samte »nach Hamburger Art«, welche die seit 1768 gegründeten Seidenfabriken der Königs in Wien produzierten, fanden in Österreich reißenden Absatz, und in Italien wollte

der frisch zum Unternehmer aufgestiegene Kaufmann neue Arbeitskräfte anheuern, als er Ende 1769 in Venedig überraschend ums Leben kam.

Der unversehens in die Pflicht genommene Lessing war Eva König bei der Verwaltung ihres Erbes und der Abwicklung der Geschäfte keine große Hilfe. Er besaß wenig kaufmännische Begabung, was nicht zuletzt die Pleite der Hamburger Druckerei J. J. C. Bode & Compagnie, in die er als Teilhaber eingestiegen war und die zu jener Zeit seine Schriften druckte, belegt. Da zuvor schon das Deutsche Nationaltheater wegen der, so Lessing,»Uneinigkeit unter den Entrepreneurs« schließen musste, ging er schließlich schweren Herzens nach Wolfenbüttel und trat dort das Amt des Bibliothekars der Herzoglichen Bibliothek an. Eva König nahm ihre Angelegenheiten selbst in die Hand und reiste für mehrere Jahre nach Wien. Die aus dieser Zeit stammenden Brautbriefe an Lessing – man hatte sich 1771 in Wolfenbüttel verlobt – belegen, mit wie viel Zielstrebigkeit und kaufmännischem Geschick sie den Verkauf der Wiener Fabriken gegen alle Widrigkeiten vorantrieb und wie selbstbewusst sie sich dabei in der Wiener Gesellschaft bewegte. Fast amüsiert berichtet sie Lessing etwa vom Angebot der Kaiserin Maria Theresia, ihr den Adelstitel zu verleihen – unter der Bedingung einer vorherigen Konversion zum Katholizismus. Schmerzlich war es allerdings, so lange von den Angehörigen daheim getrennt zu sein:»Nun, lieber Freund, bin ich wirklich im Begriff, alles zu verkaufen; es kommt nur darauf an, ob ich mit dem Käufer eins werde. Wie sehr ich es wünsche, kann ich Ihnen gar nicht

Jungfernstieg, Hamburg,
Lithografie von Cornelius Suhr, um 1820

sagen. Wenn ich mir vorstelle, daß ich den Winter nur noch hier bleiben muß, so läuft mir der Angstschweiß vom Gesicht, will geschweigen noch länger. Meine Kinder bedürfen meiner«, schreibt sie einmal verzweifelt an Lessing nach Wolfenbüttel. Nach mehreren vergeblichen Anläufen in insgesamt drei zehrenden Jahren in Wien kann sie ihm Ende 1774 aber mitteilen, »daß ich endlich der größten Bürde, der Seidenfabrik los bin, und zwar zu bessern Bedingungen, als ich niemals geglaubt«.

Eine Geschäfte tätigende Frau, die nebenbei noch vier Kinder durchbringt, war zu jener Zeit eine außergewöhnliche, höchst seltene Erscheinung. Und der Pragmatismus, mit dem die Kauffrau die neue Verbindung mit Lessing anging, war bezeichnend: Erst durch den Verkauf der Wiener Seidenfabrikation sah sie die finanziellen Grundlagen geschaffen und eine Ehe damit legitimiert. Doch nicht allein das Wirtschaftliche betreffend war die Beziehung beider ausgesprochen gleichberechtigt: Immer wieder mahnt Eva König den häufig schreibscheuen Lessing zur Zuverlässigkeit in der Briefkorrespondenz an.

Während einer ausgedehnten Italienreise Lessings bittet sie ihn, die genaue Todesursache des verstorbenen Ehegatten zu recherchieren. Ihre Vermutung, Engelbert König sei in Italien infolge eines Raubüberfalls gestorben, kam dabei nicht von ungefähr. Erst ein Jahr zuvor war der Kunsthistoriker und Archäologe Johann Heinrich Winckelmann dort gewaltsam ums Leben gekommen, was damals viel Aufsehen erregt hatte. Der Verdacht bestätigte sich allerdings nicht, Lessing erfuhr in Venedig aus zuverlässiger Quelle, dass es mit dem Tod des Kaufmannes »sehr natürlich zugegangen« sei.

Im Laufe der Zeit wird der Ton der Briefe heiterer, aber

nicht minder bestimmt. So droht die resolute Braut Lessing etwa, dass sie, sollte er sie nach ihrer Rückkehr aus Wien nicht bald in Hamburg besuchen, mit einer großen Damengesellschaft in sein Junggesellenheim in Wolfenbüttel einfallen würde. Und den Umstand, dass er sofort nach der geplanten Trauung wieder ins beschauliche Wolfenbüttel zu reisen beabsichtigte, kommentiert sie empört:»Das ist doch wohl nicht Ihr wahrer Ernst, wenn Sie vorschlagen, vor mir abreisen zu wollen.«

Nach langer Verlobungszeit kam es schließlich im Oktober 1776 auf dem Gut des befreundeten Kaufmanns Johannes Schuback in Jork – im idyllischen Alten Land vor den Toren Hamburgs – zur Trauung im engsten Kreis. Nur etwas über ein Jahr dauerte die Ehe, dann traf auch Eva König, jetzt Eva Lessing, das Schicksal, dem schon Meta Klopstock zum Opfer gefallen war. Bald nach ihrem Umzug mit den Kindern nach Wolfenbüttel starb sie an den Folgen einer komplikationsreichen Geburt, die auch das Neugeborene nicht überlebte. Elf Jahre später, acht Jahre nach dem Tod Lessings, erschien unter dem Titel »Freundschaftlicher Briefwechsel zwischen Gotthold Ephraim Lessing und seiner Frau« erstmals die Korrespondenz beider, herausgegeben von Lessings Bruder Karl Gotthelf. Dieser Briefedition verdanken wir heute ein profundes Bild Eva Königs als konsequent handelnde, hanseatische Kauffrau.

Amalia Schoppe
(1791 – 1858)

*»Auch hier sind viele schlummernden Kräfte
aufgeregt und das Verlangen nach
Fortschritt durchdringt bereits die untersten Schichten
der Bevölkerung; so werden wir nicht stehen bleiben
können, so werden die Zöpfe fallen müssen, wenn sie
gleich noch recht fest an einigen alten Perücken sitzen.«*

Geboren am 9. Oktober 1791 in Burg auf Fehmarn • 1798 Tod des Vaters, des Arztes Friedrich Wilhelm Weise; Amalia wird nach Hamburg zu einem Onkel in Pflege gegeben • 1803 Hochzeit der Mutter mit einem Hamburger Kaufmann, sie nimmt die Tochter wieder zu sich • ab 1806 Tätigkeit als Erzieherin; Beginn der Freundschaft mit Rosa Maria Assing • 1809 erste Begegnung mit Justinus Kerner, bald darauf Beginn des Briefwechsels • 1813 Geburt des unehelichen Sohnes Karl; ein Jahr darauf unfreiwillige Hochzeit mit dem Vater des Kindes, dem Juristen Friedrich Heinrich Schoppe, von dem sie zwei weitere Söhne bekommt • seit 1820 Aufbau der Karriere als Berufsschriftstellerin • 1821 Trennung vom Ehemann • seit 1827 großer Erfolg mit der Herausgabe der *Neuen Pariser Modeblätter* • seit 1835 Mäzenin Friedrich Hebbels; Einrichtung eines literarischen Salons • 1851 ausgewandert in die USA • gestorben am 25. September 1858 in Schenectady, Bundesstaat New York, USA

S kriptomanie« – nur damit lässt sich der befremdliche
Schreibrausch, den die geschäftstüchtige Schriftstellerin
und »Literaturagentin« Amalia Schoppe zeitweilig packte,
hinlänglich beschreiben. Hatte sie ein Buch fertiggestellt, so
kam es ihr vor »wie ein abgehauenes Glied, auf das man nur
mit Schmerz und Widerwillen blicken kann«. Etwa 130
Bücher unterschiedlichster Genres veröffentlichte sie, daneben war sie noch als Herausgeberin aktiv und schrieb für
diverse Zeitungen und Zeitschriften. Von Historikern wird
sie daher gerne als »Literaturfabrik« bezeichnet, was zwar
despektierlich klingt, de facto aber durchaus zutrifft.

Amalia Schoppes Kindheit, davon zeugen ihre 1837 erschienenen »Erinnerungen aus meinem Leben«, verlief zunächst sehr unglücklich. Als der Vater starb, wurde die da-
mals Sechsjährige einem Onkel in Hamburg anvertraut, der
das Mädchen äußerst restriktiv erzog, ihm soziale Kontakte
verbot und der zudem alkoholsüchtig und gewalttätig war.
Erst als die Mutter 1803 den wohlhabenden Hamburger
Kaufmann Johann Nicolaus Burmester heiratete und die
Tochter wieder zu sich nahm, wurden dem hochbegabten
Kind schließlich elterliche Fürsorge und eine umfängliche
Bildung zuteil. Ein hohes Maß an Unabhängigkeit hatte
Amalia Schoppe bereits im Laufe der Kindheit entwickelt,
und als ihr Stiefvater im Zuge der napoleonischen Kriege sein

Amalia Schoppe,
Porträt von Johann Jürgen Sickert, 1828

1835

52

Costumes Parisiens.

Blatt aus den *Neuen Pariser Modeblättern*, 1835

Vermögen verlor, beschloss sie, selbst für sich zu sorgen. Sie nahm – mit fünfzehn Jahren ohne Wissen der Eltern – eine Stelle als Erzieherin in einem Hamburger Patrizierhaus an. Über ihre enge Freundschaft zu Rosa Maria Assing, der Schwägerin Rahel Varnhagens und Mutter Ludmilla Assings, lernte sie die Dichter Karl August Varnhagen von Ense, Adalbert von Chamisso und Justinus Kerner kennen. Insbesondere auf Kerner muss die Jugendliche dabei gewaltigen Eindruck gemacht haben. Sie ist »das wunderbarste Wesen, so ich je sah«, und »spricht über Musik, Poesie, Malerei wie ein Gott«, schreibt er an seinen Freund Ludwig Uhland. Kerner porträtiert sie in seinem 1811 erschienenen Werk »Die Reiseschatten« als geheimnisvolle Seherin und sorgt schließlich auch für die erste Publikation ihrer Gedichte.

Die Schwärmerei Kerners blieb allerdings platonisch. Zwei Jahre später bekam Amalia Schoppe ein uneheliches Kind von dem Hamburger Juristen Friedrich Heinrich Schoppe, den sie ein Jahr darauf schließlich – widerwillig – heiratete. Der Wortlaut der Briefe an Rosa Maria Assing lässt vermuten, dass das Kind Resultat einer Vergewaltigung war und die Ehe einzig und allein gestiftet wurde, um einen Skandal zu vermeiden. Nach der Geburt zweier weiterer Söhne und mehreren vorübergehenden Trennungen kam es 1821 schließlich zum endgültigen Bruch; acht Jahre später ertrank Friedrich Heinrich Schoppe, wahrscheinlich alkoholisiert, in der Elbe.

Die »harte Schule«, die Amalia Schoppe bis dahin durchlaufen hatte, ihre bewegte Kindheitsgeschichte, die unglückliche Ehe, die alleinige Verantwortung für drei Kinder und nicht zuletzt die Unruhen, die die Hamburger unter der französischen Besatzung seit 1806 immer wieder erlebten und die Amalia Schoppe 1813 vorübergehend nach Fehmarn fliehen ließen, lieferten viel Stoff für ihre Literaturproduktion. Nachdem die Einrichtung einer Mädchenpension an unüberbrückbaren Differenzen mit der Mitbegründerin Fanny Tarnow scheiterte und einen Berg an Schulden hinterließ, betrieb Amalia Schoppe schrittweise den Aufbau ihrer Existenz als Berufsschriftstellerin. Sie begann als Zeitschriften-Korrespondentin, vornehmlich des von Johann Friedrich Cotta in Stuttgart gegründeten *Morgenblattes für die gebildeten Stände,* und lieferte regelmäßig Beiträge aus der Hansestadt; unter anderem über die mangelhafte Mädchenbildung in Hamburg oder über restaurative Tendenzen im Polizeiwesen. Als weitaus einträglicher erwies sich dann allerdings das Schreiben von Unterhaltungsliteratur. Gegenwartsroman, historischer Roman, Kinder- und Jugendbuch – ganz gleich, was sie schrieb, Amalia Schoppe wurde damit schließlich so erfolgreich, dass die Verleger ihr die Manuskripte förmlich aus der Hand rissen. Glücklich machte sie das Schreiben allerdings nicht, im Gegenteil, es beherrschte sie: »Oft quält es mich«, eröffnet sie Rosa Maria Assing, »daß ich so viel schreiben muß, nicht bloß, weil die äußern Verhältnisse es fordern, sondern weil noch mehr der innere Drang es gebieterisch befiehlt.«

Spätestens 1827 mit der Herausgabe der *Neuen Pariser Modeblätter,* die vom Publikum begeistert aufgenommen wurden, hatten sich die »äußern Verhältnisse« so gut entwickelt, dass die drei Söhne versorgt waren und man die Sommermonate in einem schönen Landhaus in Winterhude verbringen konnte. Amalia Schoppe war jetzt in der Lage, »Herzensprojekte« zu verwirklichen, dazu zählte neben der Gründung der Zeitschrift *Iduna. Blätter für die Jugend* vor allem die Förderung junger Talente. Sie holte den begabten,

Titelblatt des Kinder- und Jugendbuchs
»Licht und Schatten, oder Begebenheiten aus dem
Jugendleben« von Amalia Schoppe, 1834

aber mittellosen Dithmarscher Dichter Friedrich Hebbel nach Hamburg und mietete ihm eine kleine Wohnung am Stadtdeich, wo auch ihr schönes, »Storchennest« genanntes Haus stand. Im »Storchennest« installierte sie einen literarischen Salon, einen Treffpunkt von Schriftstellern, die sich vornehmlich im Umfeld der Jungdeutschen, der literarischen Bewegung Junges Deutschland, bewegten.

Neben Hebbel und Karl Gutzkow, die sich als unmittelbare Konkurrenten verstanden – Gutzkow lästerte wiederholt über Hebbels »Hamburger Schürzen-Stipendium, das Amalia Schoppe zusammengebettelt hatte« –, waren der Hamburger Heine-Verleger Julius Campe und später dann die junge Ludmilla Assing regelmäßige Teilnehmer. Auch der Hamburger Weinhändler und Dichter Wilhelm Hocker gehörte zum Kreis, ein weiterer Protegé Amalia Schoppes, den seine satirische Flugblattlyrik und sein Engagement für den Vormärz mehrfach vor Gericht und schließlich auch ins Gefängnis brachten.

Tragisch verlief die Lebensgeschichte der drei Söhne von Amalia Schoppe. Der Älteste, Karl, starb Anfang 1833 plötzlich an Schwindsucht, der zweite Sohn, Julius, war spielsüchtig und flüchtete, nachdem seine Mutter ihn nicht weiter unterstützen wollte, hoch verschuldet nach Java, wo er 1847 einem Fieber erlag. Auch der Jüngste, Alphons, geriet auf die schiefe Bahn und musste wegen Unterschlagung 1843 für mehrere Jahre ins Gefängnis. Weitere Schicksalsschläge zu jener Zeit waren der Tod der Freundin Rosa Maria Assing und das endgültige Zerwürfnis mit dem sensiblen Friedrich Hebbel, der das Mäzenatentum Amalia Schoppes zunehmend als aufdringlich empfand. Es entstand ihr mit Abstand düsterstes, anonym veröffentlichtes Buch »Der hinkende Teufel in Hamburg«, und – nur zwei Wochen vor dem großen Hamburger Brand von 1842 – sie zog schließlich nach Jena zu ihrer Freundin, der Schriftstellerin Lina Reinhardt. Neben dieser Freundschaft gab ihr vor allem die Begeisterung für den Vormärz einen gewissen Halt, die historischen Romane ihres Spätwerks jedenfalls behandeln auffällig häufig revolutionäre Stoffe. Als sie 1847 schließlich nach Hamburg zurückkehrte, schloss sie sich dem von Charlotte Paulsen gegründeten *Frauenverein für Armenpflege* an; eine Institution, die viel für Hamburg bewirkte, aber von den eher konservativen Wohlfahrtsorganisationen Hamburgs, dem Frauenhilfsverein Amalie Sievekings etwa, wegen ihrer Freisinnigkeit strikt abgelehnt wurde.

Nach dem Scheitern der 1848er-Revolution hatte Amalia Schoppe mit ihrer Heimat abgeschlossen. »Es duldet mich nicht länger in dem verwitterten und verfaulten Europa, und mit den letzten Atemzügen will ich die Freiheit in mich einsaugen, für die ich lebte, strebte und litt«, erklärt sie dem nach wie vor guten Freund Justinus Kerner. Als man Alphons Schoppe schließlich aus dem Gefängnis entließ und dieser sich umgehend nach Amerika einschiffte, folgte seine Mutter ihm 1851 nach. Bis zu ihrem Tod 1858 lebte sie in Schenectady im Bundesstaat New York – in bescheidenen Verhältnissen, das mitgebrachte Vermögen hatte ihr Sohn binnen kürzester Zeit verspekuliert. »Sehr betrübt hat mich die Nachricht von dem Tode unserer lieben Amalia Schoppe«, schreibt Ludmilla Assing an Kerner, die zur gleichen Zeit auch um ihren Onkel Karl Varnhagen trauerte, »wie schwinden die teuren, trauten Gestalten so unwiederbringlich dahin!«

Rebellinnen

Revolution und Frauenrecht
zur Jahrhundertwende

Zwei Katastrophen suchten Hamburg im 19. Jahrhundert heim: die französische Besatzung, an deren Ende 1814 die Einwohnerzahl etwa um ein Viertel gesunken und die Stadt weitgehend ruiniert war; und der Große Brand von 1842, der innerhalb von nur vier Tagen 20.000 Menschen obdachlos machte. Schon damals stieg der Armenanteil in der Hansestadt rapide an. »Habt ihr etwa nicht gesehen, wie sich Eure Arbeiter mit ihren Weibern und Kindern in Löchern drängen?«, rief der Pädagoge Johann Hinrich Wichern – Initiator des Kinder- und Jugendheims *Rauhes Haus,* das bis heute existiert – den betuchten Hamburger Bürgern 1848 in der *Patriotischen Gesellschaft* entgegen. Doch das war erst der Beginn der Misere; mit der Industrialisierung, die auch in Hamburg Wohlstand für wenige und Elend für viele bedeutete, wuchs die Bevölkerung dramatisch. Die Armen drängten sich dabei vor allem im Gängeviertel zwischen Alt- und Neustadt, später auch in St. Pauli, das 1894 vollständig eingemeindet wurde. Rechte besaß in Hamburg nur, wer Geld hatte – von den 620.000 Einwohnern, die die Stadt um 1890 zählte, wählten ganze 23.000 die Bürgerschaft.

Die soziale Frage betraf aber nicht allein das Armenwesen: Eine wesentliche Triebkraft des rapiden gesellschaftlichen Wandels, der sich damals vollzog, war die Frauenbewegung. Wie überall waren auch in Hamburg die 1848er-Revolutionäre gescheitert; den Umstürzlern waren die Flügel gestutzt, und im hanseatischen Bürgertum behielten konservative Zeitgenossen gegenüber den liberalen vorerst die Oberhand. Nach wie vor aber war die Aufgeschlossenheit der Stadt vergleichsweise groß und der »Zuschnitt des Lebens«, so Ilse Frapan-Akunian, recht demokratisch: *Die Hochschule für das weibliche Geschlecht* etwa, die 1850 als erstes ausschließlich für Frauen bestimmtes Bildungsinstitut eingerichtet und von Malwida von Meysenbug geleitet wurde, war das Ergebnis emanzipatorischer Ideen aus den Revolutionsjahren. Die Geschichte der organisierten Frauenbewegung beginnt in Hamburg jedoch erst 1896, mit der Gründung der Ortsgruppe des *Allgemeinen Deutschen Frauenvereins,* und war – zunächst – hauptsächlich ein Reflex auf die desaströsen Lebensumstände der einheimischen Arbeiterinnen. Die gemäßigte Fraktion der Bewegung wollte neben der Anerkennung der Erwerbstätigkeit vor allem die schrittweise Verbesserung von Bildungschancen erreichen. Die Radikalen kämpften um Gleichstellung ohne Kompromisse, speziell beim Zugang zu Universitäten, und waren in der Regel Pazifistinnen. Das Frauenwahlrecht vertraten beide Richtungen mit Vehemenz, es war das zentrale Moment, das die Flügel einte.

Zur Jahrhundertwende war, was die Fortschrittlichen unter Hamburgs Frauen betraf, eine Entwicklung abgeschlossen, die sich in vier Worte fassen lässt: vom Salon zur Barrikade. Ludmilla Assing etwa wurde von der vornehmen Jung-Salonière im jüdischen Viertel der Neustadt zur radikaldemokratischen, in Preußen steckbrieflich gesuchten Freiheitskämpferin. Und mit Lida Gustava Heymann, Helene Lange und Gertrud Bäumer waren drei Protagonistinnen der deutschen Frauenbewegung schlechthin in Hamburg ansässig. Mit ihnen begannen Hamburgs Männer, wie der berühmte Architekt Fritz Schumacher es formulierte, das

»Eindringen der Frau in das öffentliche und politische Leben« wahrzunehmen. Und mit ihrem Kampf um Gleichberechtigung – um Hochschulbildung, Wahlrecht, staatsrechtliche Gleichstellung und selbstbestimmte Lebensformen – sollten sie schließlich den gesellschaftlichen Umbruch über die Grenzen der Hansestadt hinaus prägen. Die Erfolge stellten sich für die Aktivistinnen nämlich ein; wenn auch spät und infolge eines einschneidenden historischen Ereignisses: Nach der Novemberrevolution und dem Ende des Ersten Weltkrieges wählten die Deutschen am 19. Januar 1919 die Nationalversammlung, und erstmalig hatten Frauen Stimmrecht. Zwei Monate darauf eröffnete Helene Lange als Alterspräsidentin das erste demokratisch gewählte Parlament Hamburgs – in der Bürgerschaft waren siebzehn Abgeordnete Frauen.

Ludmilla Assing

(1821 – 1880)

»Welch ein Ungeheuer von Herzlosigkeit
muß man sein, um die Freiheit
nicht zu lieben.«

Geboren am 22. Februar 1821 in Hamburg • um 1823 gründet ihre Mutter, Rosa Maria Assing, einen literarischen Salon, in dem u.a. Heinrich Heine verkehrte • 1835 zusammen mit der Mutter und der Schwester Ottilie Assing Reise nach Paris zu Heine • seit etwa 1837 aktive Teilnahme am Salon der Mutter • 1840 Tod der Mutter • 1842 Tod des Vaters David Assing; Umzug nach Berlin zu ihrem Onkel Karl Varnhagen von Ense • ab 1846 journalistische Arbeit • 1860 Edition der »Briefe von Alexander von Humboldt an Varnhagen von Ense«, die einen Skandal auslöst • 1861 Beginn der Edition der »Tagebücher« Varnhagens • 1862 Anklage wegen Majestätsbeleidigung; Flucht nach Florenz, in Abwesenheit Verurteilung zu acht Monaten Haft • 1864 erneute Anklage, in Abwesenheit Verurteilung zu zwei Jahren Haft, alle erschienenen Bände der Varnhagen-Edition werden konfisziert • 1866 Amnestierung • gestorben am 25. März 1880 in Florenz

5 Fuß groß, hat braune Haare, blaue Augen, braune Augenbrauen, ovales Kinn, Nase und Mund gewöhnlich, längliche Gesichtsbildung, gesunde Gesichtsfarbe« – der Steckbrief, den die Polizei im Juni 1864 im *Königlich-Preußischen Staats-Anzeiger* abdrucken ließ, kam zu spät.

Ludmilla Assing, die Gesuchte, angeklagt wegen Majestätsbeleidigung und in Abwesenheit zu insgesamt zwei Jahren und acht Monaten Gefängnis verurteilt, hatte sich längst nach Italien abgesetzt. Dabei wollte sie eigentlich zum Prozessauftakt erscheinen, um mit dem Sozialdemokraten Ferdinand Lassalle, der zeitgleich in die Fänge der preußischen Haftrichter geraten war, demonstrativ eine Partie Schach zu spielen. Doch Freunde vor Ort rieten ihr dringend ab, es sei viel zu gefährlich. Einen Skandal beträchtlichen Ausmaßes hatte sie zuvor mit der Veröffentlichung der Briefe Alexander von Humboldts und der Tagebücher ihres Onkels Karl Varnhagen verursacht. Beide, Humboldt und Varnhagen, waren damit als leidenschaftliche Anhänger der 1848er-Revolution und radikale Kritiker Bismarcks enttarnt. »Gift, geradezu Gift für das unwissende Publikum« sah die preußische Obrigkeit in den Publikationen aus Varnhagens Nachlass, aber Humboldt und Varnhagen waren dafür nicht mehr zu belangen, und die Wut des konservativen Regimes konzentrierte sich allein auf die Herausgeberin.

Ludmilla Assing, Selbstbildnis,
Pastell, um 1850

Als eine der bedeutendsten Frauen der literarischen und politischen Avantgarde im 19. Jahrhundert ist Ludmilla Assing heute nahezu vergessen. Sie war eine der ersten Journalistinnen, war Schriftstellerin und Philologin, Nichte Rahel Levins und Karl Varnhagens, Kusine Fanny Lewalds, Freundin Karl Gutzkows und Heinrich Heines, Förderin Karl Marx' und Michail Bakunins. In dem Maße, in dem die Liberalen sie verehrten, wurde sie von den Konservativen gehasst. Das Revolutionäre lag ihr gewissermaßen im Blut. Schon ihr Großvater wurde wegen »Jakobinismus« verklagt, nachdem er als Arzt in Düsseldorf ein Armenspital aufbauen wollte; er ließ sich daraufhin in Hamburg nieder. Die Mutter, Rosa Maria Assing, die einen Teil ihrer Jugend in Straßburg verbrachte, war glühende Anhängerin der Französischen Revolution, spielte die Marseillaise, die »Hymne à la Patrie« auf der Gitarre und sang dazu. Schon früh verwaist, arbeitete Rosa Maria Assing bereits mit siebzehn Jahren als Erzieherin und Hauslehrerin einer reichen Hamburger Kaufmannsfamilie, wo sie auch Amalia Schoppe kennenlernte. Drei beziehungsweise fünf Jahre vor der Geburt der gemeinsamen Töchter Ottilie und Ludmilla heiratete sie den jüdischen Arzt und Dichter David Assur, später Assing; er ließ sich ihretwegen taufen, denn religiöse Mischehen waren in Hamburg nicht erlaubt. In der Poolstraße, im jüdischen Viertel in der Neustadt, gründeten die Assings einen Salon, den sie später zusammen mit ihren Töchtern Ottilie und Ludmilla führten und in dem sich die literarischen Größen der jungdeutschen Bewegung gegenseitig die Klinke in die Hand gaben – eine Art Hamburger Pendant zum berühmten Zirkel der Schwägerin Rahel Levin in Berlin: Heinrich Heine, Theodor Mundt, Ludwig Wienbarg, Ludwig Wihl und Karl Gutzkow verkehr-

Ludmilla Assing, Fotografie aus dem Jahr 1865

ten hier wie dort. Einigermaßen verstört berichtet die *Neue Freie Presse* über die »Hamburger Abende« bei den beiden Töchtern und Jung-Salonièren: »Diese waren [...] Philosophinnen, scharf kritische Wesen, die sich die Welt nach einem strengen Gesetz zurechtgelegt hatten und von sich wiesen, was diesem sich nicht fügen wollte [...]. Sie schwärmten für das dunkle Capitel der Frauen-Emancipation, verehrten die George Sand als eine Hohepriesterin und hegelten so rücksichtslos ins Aschgraue hinein, daß der gute [Ludwig] Wihl, wie er behauptete, sich manchmal wie ein Mädchen vorkam und sehr roth wurde. Daneben waren sie fanatisch jungdeutsch und interessirten sich aufs höchste für Alles, was diesem neuen Begriff im entferntesten anhing.« War schon eine Verehrung der George Sand, die zigarrenrauchend und hosentragend in etliche Domänen der Pariser Männerwelt eindrang, den meisten Zeitgenossen höchst verdächtig, so kam die jüdische Herkunft Ludmilla Assings für sie noch erschwerend hinzu; die *Kreuzzeitung* als Sprachrohr der Christlich-Konservativen erkannte die »orientalische Verehelichung« der Mutter als Ursache der »Denk- und Handlungsweisen der Tochter und deren Neigung, ihre literarischen Gerichte mit Knoblauch zu würzen«.

In Hamburg war das mitten in der jüdischen Gemeinde gelegene Haus der Assing-Freigeister zunächst eines der geachtetsten der Stadt. In Verruf geriet es erst nachträglich, ausgelöst durch die emphatische Berichterstattung Ludmilla Assings über die Revolutionsereignisse 1848. Sie schrieb Feuilletons für die *Hamburger Jahreszeiten* und den überregionalen *Telegraphen für Deutschland,* an dem der Verleger Julius Campe beteiligt war. Teils anonym und immer am Rande der Zensur propagierte sie den »freien Bürgerstaat«, in dem »das Wir des Volkes gilt«, und griff dabei besonders scharf ihre reaktionären Geschlechtsgenossinnen aus den Salons an: »Schöne, graziöse, ehemals sanfte Damen der hohen Gesellschaft geberden sich wie blutdürstige Tigerinnen, die wahrhaft entzückt wären, wenn sie all das ›gemeine, freche Volk‹ zusammenschießen lassen könnten; sie sind so ergrimmt über unsere glorreiche Freiheit, über die ›Herrschaft des Pöbels‹, wie sie es nennen, daß sie schimpfen – ehemals hätte man gesagt wie die Marktweiber; jetzt wäre das eine Ungerechtigkeit gegen diese.«

Dermaßen heftige Worte aus der Feder einer Frau waren zu jener Zeit ein Novum. Und die Reaktion ließ auch nicht lange auf sich warten, die bürgerliche *Vossische Zeitung* drohte unverhohlen, Ludmilla Assing für ihre »bluthrot republikanischen Gesinnungsäußerungen gleich einer A-B-C-Schülerin ins Gebet zu nehmen und ihr die Lection, gleichfalls bluthrot, auf üblicher Stelle, mit Hilfe eines wohl conditionirten Birkenstraußes, aufzuzeichnen«. Aussagen wie diese dürften freilich eher herausfordernd als einschüchternd auf sie gewirkt haben, sie war couragiert genug – mitunter vielleicht etwas zu sehr: Glaubt man den Worten ihres Freundes Gottfried Keller, so konnte einem angst und bange werden, wenn sie manchmal wütend und mit Gegenständen um sich werfend für die revolutionäre Sache eintrat.

Ludmilla Assings journalistische Karriere fand hauptsächlich in Berlin statt, wohin sie nach dem Tod ihrer Eltern mit ihrer Schwester gezogen war. Dort wollten beide ihren Onkel politisch unterstützen, doch Ottilie Assing hielt es beim arbeits- und schreibsüchtigen Varnhagen nicht lange aus. Nach vielen Streitigkeiten und einem Suizidversuch verließ sie Berlin und wanderte schließlich nach Amerika aus, wo sie als Journalistin arbeitete und zur Lebensgefährtin von Frederick Douglass, dem ersten schwarzen, amerikanischen Bürgerrechtler, wurde. Ludmilla Assing blieb vorerst und war spätestens nach dem Tod Varnhagens und den ersten Publikationen aus seinem Nachlass finanziell unabhängig geworden. 1862 emigrierte sie nach Florenz und knüpfte hier Kontakte zu anderen Exilanten, unter ihnen Bakunin und Alexander Herzen. Von Italien aus setzte sie die Edition des Varnhagen-Nachlasses fort, der in einer Nacht-und-Nebel-Aktion aus Berlin nach Florenz geschleust wurde und ab 1867 bei Hoffmann und Campe in Hamburg erschien. Sie engagierte sich im linken Spektrum des Risorgimento, unterstützte Karl Marx finanziell und schloss sich der Frauenbewegung an; 1866 erschien ihr Buch »*La posizione sociale della donna*«. Die Ehe, die sie zweiundfünfzigjährig mit dem zwanzig Jahre jüngeren Offizier Gino Grimelli geschlossen hatte, scheiterte. 1880 erlag sie einer Meningitis. In Florenz steht an der Via Senese eine Büste, die der italienische Bildhauer Cesare Sighinolfi anlässlich ihres Todes schuf. – In Hamburg erinnert bis heute nichts an sie.

Lida Gustava Heymann
(1868 – 1943)

*»Erst malte ich in hellen Farben Schönheiten und
Vorzüge Hamburgs, dann machte ich klar, daß wir
Frauen nicht länger gewillt seien, Vogel-Strauß-Politik
zu betreiben und den Kopf in den Sand zu stecken;
ich begann, die Kehrseite der lieben Vaterstadt zu
schildern. Als ich auf die öffentlichen Straßen und
Bordelle zu sprechen kam, erhob sich der
überwachende Beamte, setzte seinen Helm auf und
erklärte die Versammlung für geschlossen.«*

Geboren am 15. März 1868 in Hamburg • 1896 nach dem Tod des
Vaters Verwalterin des Familienvermögens; Gründungsmitglied der
Hamburger Ortsgruppe des *Allgemeinen Deutschen Frauenvereins,*
Reise als Delegierte nach Berlin, wo sie die spätere Lebensgefährtin
Anita Augspurg kennenlernt • 1897 Gründung des ersten deutschen
Frauenzentrums; Beginn des nachhaltigen Engagements gegen die
staatliche Reglementierung der Prostitution • 1902 zusammen mit
Augspurg Gründung des *Vereins für Frauenstimmrecht* • 1906 Prozess
gegen Augspurg vor dem Hamburger Landgericht; zuvor Umzug ins
Isartal bei München • 1919 Mitbegründerin der *Internationalen
Frauenliga für Frieden und Freiheit;* Kandidatur auf der Liste der
USPD für die Nationalversammlung • 1933 Exil in der Schweiz •
gestorben am 31. Juli 1943 in Zürich

Reger Betrieb herrschte im Wartezimmer des Hamburger Stadthauses an jenem Tag, an dem Lida Gustava Heymann sich unauffällig unter die dort versammelten Prostituierten mischte. Hier, im Hauptsitz der Polizei am Neuen Wall zwischen Altstadt und Neustadt, mussten die Straßenmädchen sich regelmäßigen Kontrollen unterziehen. Respektvollen Umgang durften sie nicht erwarten, vor den Gutaussehenden balzte man, die Übrigen wurden bestenfalls beschimpft und beleidigt; geduzt wurden sie dabei alle. »Na, nun komm du mal her«, fuhr einer der Polizisten schließlich Lida Gustava Heymann an, woraufhin sie direkt ins Zimmer des Ersten Vorgesetzten durchmarschierte und heftig protestierte. Der Vorgesetzte war peinlich berührt und bedauerte sehr, dass mit einer ehrbaren Dame wie ihr so taktlos umgegangen worden sei. – Doch das war nicht das Problem: Gegen die »unverschämte Zudringlichkeit von Beamten der Sittenpolizei« könne sie sich allein schützen, es gehe ihr einzig um den beschämenden Umgang mit den Frauen und das Ausnutzen ihrer Situation. »Von dieser Zeit an«, schreibt sie später in ihrer Autobiografie, »war ich nicht mehr wie früher bei der Polizei *persona gratissima.*«

Situationen wie diese sind symptomatisch für das Engagement Lida Gustava Heymanns. Um sich möglichst hautnah von den Fakten überzeugen und gute Aufklärungsarbeit leisten zu können, nutzte sie höchst unkonventionelle Mittel. So führten ihre »verdeckten Ermittlungen« schon mal durch das eine oder andere Vergnügungslokal St. Paulis, oder sie ver-

anlasste die Garderobenfrauen von »Prostituiertenbällen«,
den Teilnehmerinnen Flugblätter über organisierten Bei-
stand zuzustecken. Dabei ging es ihr keinesfalls um eine
sittliche Unterweisung der Straßenmädchen. Attackiert wurden neben den ausbeutenden Freiern und Zuhältern vor allem die städtischen Behörden, die den »Handel« auf offener
Straße zwar verboten, am Bordellbetrieb aber kräftig mitver-
dienten. »Ich ging den Dingen nach und erfuhr, daß die
Männer unter dem Vorwand hygienischer Notwendigkeit zur
Befriedigung ihres überzüchteten Sexuallebens wahre Las-
terhöhlen schufen, in denen die Frauen misshandelt, zur
Ware gestempelt, ausgebeutet und obendrein als Paria ge-

Lida Gustava Heymann und Anita Augspurg während
des Internationalen Suffragettenkongresses in Budapest, 1913

Plakat »Gleiches Recht, Frauenstimmrecht.
Wacht auf Ihr deutschen Frauen aller Stände,
aller Parteien«

brandmarkt wurden.« Das waren harte Worte – sehr viel radikaler formuliert, als es bei der gemäßigten Frauenbewegung um Gertrud Bäumers *Bund Deutscher Frauenvereine* der Fall war, welcher eher an die Moral der Prostituierten als an die des Staates appellierte.

Die Aufklärungsarbeit, die Lida Gustava Heymann betrieb, war professionell organisiert. Ausreichende Mittel dafür standen ihr als Kind wohlhabender Eltern zur Verfügung. Der Vater war ein Hamburger Kaufmann, ein Freigeist und Bismarck-Gegner, der ein Vermögen im Kaffeehandel gemacht und eine dreißig Jahre jüngere Frau geheiratet hatte. Seine fünf Töchter wuchsen wohlversorgt, aber isoliert auf einem Anwesen im noblen Vorort Harvestehude auf. Schon früh war Lida Gustava Heymann klar, dass sie das Schicksal ihrer Schwestern, die nach und nach in den ostdeutschen Landadel einheirateten, nicht teilen wollte. Die Erfahrungen der Schwestern und die Lektüre der gesellschaftskritischen Dramen Henrik Ibsens – ein absolutes Schlüsselerlebnis für sie – ließen den Entschluss reifen, ledig zu bleiben. Sie setzte sich gegenüber ihrem Vater damit durch und übernahm nach seinem Tod die Verwaltung des vielfältig angelegten Familienvermögens. Keine leichte Aufgabe, da das Hamburger Nachlassgericht mit allen Mitteln versuchte, die Mündigkeit einer Frau als Verwalterin eines Erbes, noch dazu eines beträchtlichen, rechtlich zu boykottieren. Auch hier behielt Lida Gustava Heymann aber schließlich die Oberhand: Sie wies einen über 600 Jahre zurückliegenden Präzedenzfall nach, woraufhin die Behörde klein beigeben musste.

Mit dem Kapital wurde zunächst ein Mittagstisch für Arbeiterinnen mitsamt Kinderhort in der Rathausstraße eingerichtet. Doch der Andrang war so groß, dass es bald erhebliche

Platzprobleme gab. Lida Gustava Heymann erwarb darauf ein Haus in der Paulstraße, zentral gelegen und großzügig ausgestattet, und gründete dort ein Frauenzentrum – das Erste seiner Art in Deutschland: Neben Mittagstisch und Kinderhort beherbergte es eine Rechtsberatung, eine Berufsorganisation für Schauspielerinnen, einen Verein für Kleider-Reform, eine Handelsschule mit Arbeitsvermittlung und schließlich den Hamburger Zweigverein der *Internationalen Abolitionistischen Föderation,* den Verein, der die staatliche Reglementierung der Prostitution bekämpfte.

Die Hamburger Ortsgruppe des *Allgemeinen Deutschen Frauenvereins,* bei dem Lida Gustava Heymann aktives Mitglied war, erschien ihr auf Dauer nicht radikal genug. »Ortsgrube« taufte sie diese, sah sie eher als Kaffeekränzchen alter Damen. Trotzdem reiste sie als Delegierte 1896 zu einem Berliner Kongress, auf dem sie ihre spätere Lebensgefährtin Anita Augspurg kennenlernte, eine Gleichgesinnte, mit der sie 1902 in Hamburg schließlich den *Verein für Frauenstimmrecht* gründete. Natürlich war den lokalen Behörden auch das Engagement Anita Augspurgs ein Dorn im Auge. Großes Aufsehen erregte ein Prozess, den die Hamburger Justiz 1906 gegen sie anstrengte: Nachdem es im Anschluss an eine Demonstration gegen Wahlrechtsbeschränkungen zu massiven Übergriffen der Hamburger Polizei gekommen war, attackierte Anita Augspurg diese in der Presse nachhaltig, woraufhin sie im Eilverfahren zu einer Geldstrafe wegen Beleidigung verurteilt wurde. Die Prozesse aber, die Lida Gustava Heymann zuvor initiiert hatte – gegen einen Bordellbesitzer wegen Kuppelei und anschließend gegen den Hamburger Senat wegen Justizverweigerung –, wurden verschleppt und trugen ihr nichts als Gegenklagen ein; sicherlich mit ein

Grund dafür, dass sie Hamburg schließlich verließ und mit der Lebensgefährtin nach München ging.

In München dehnten sich die Betätigungsfelder Lida Gustava Heymanns weiter aus. Mit Anita Augspurg gab sie ab 1919 die Zeitschrift *Die Frau und der Staat* heraus, ein Forum für feministische, pazifistische und linksdemokratische Positionen, das bis 1933 erschien. In der Münchner Räterepublik kandidierten beide Frauen für die USPD, die *Unabhängige Sozialdemokratische Partei Deutschlands,* und unterstützten Kurt Eisner als Ministerpräsidenten, woraufhin sie nach dem Ende der Novemberrevolution vorübergehend in die Schweiz exilieren mussten. Das Leben in Deutschland wurde für sie immer gefährlicher. Nach dem gescheiterten Putschversuch der Nationalsozialisten 1923 erfuhren sie, dass ihre Namen auf Hitlers Liste der zu liquidierenden Personen ganz oben standen. Zehn Jahre später ereilte sie während eines Aufenthaltes auf Mallorca die Nachricht von der Machtübernahme durch die Nationalsozialisten, und sie konnten nicht mehr nach Deutschland zurückkehren; ihr Vermögen wurde konfisziert. Wiederum zehn Jahre darauf, im Juli 1943, starb Lida Gustava Heymann in ihrer Züricher Dachwohnung, nur ein paar Monate vor dem Tod Anita Augspurgs. – Das Ende des Naziregimes haben beide nicht mehr erlebt.

Gertrud Bäumer

(1873 – 1954)

»Ich pflegte meinen Stuhl soweit an den Rand des Lichtringes zu schieben, wie nur möglich – es brauchte niemand zu sehen, was ich las – und war voll rebellischer Fragen. War dies Leben nun das Richtige?«

Erinnerung an die Jugendzeit im Haus der Großeltern

Geboren am 12. November 1873 in Hohenlimburg/Westfalen • 1898 als eine der ersten Frauen Studium der Germanistik und Philosophie an der Friedrich-Wilhelms-Universität in Berlin • ab 1901 zusammen mit Helene Lange Herausgabe des »Handbuchs der Frauenbewegung« • 1905 Promotion im Fach Germanistik • ab 1910 Vorsitzende des *Bundes Deutscher Frauenvereine* • ab 1912 Freundschaft mit dem liberalen Politiker Friedrich Naumann; Mitherausgabe der Wochenschrift *Die Hilfe* • 1916 Leiterin des *Sozialpädagogischen Instituts* in Hamburg; Mitherausgabe des Organs der bürgerlichen Frauenbewegung *Die Frau* • 1919 für die DDP in die Nationalversammlung von Weimar gewählt; Arbeit im *Verein zur Abwehr des Antisemitismus* • 1920 Ministerialrätin im Reichsinnenministerium • 1930 Tod der Lebensgefährtin Helene Lange • 1933 Zwangsentlassung aus dem Staatsdienst • 1937 Ausschluss aus der Reichsschrifttumskammer • nach 1945 Engagement für die Reorganisation deutscher Frauenvereine • gestorben am 25. März 1954 in Bethel bei Bielefeld

Schockierend waren die Bilder, die sich Gertrud Bäumer boten, kurz nachdem sie 1916 mitten im Ersten Weltkrieg aus Berlin nach Hamburg gezogen war. Eine Pulverfabrik war in die Luft gegangen, ohne dass es einen feindlichen Angriff gegeben hätte – der »Unfug von Männern im weiblichen Schlafsaal einer gemeinsamen Baracke« wurde als Ursache gemeldet. Fatal die Folgen: Über 100 Frauen verbrannten. Die Arbeiterinnen, so Bäumer, die überlebt hatten, »zum Teil verwundet und verbunden, trieben sich, Zigarren rauchend, unter den Soldaten herum, die das Massengrab für die Überreste ausschaufelten – ein Bild der Verwahrlosung, die entstanden war aus wahllos zusammengerafften Menschen, Abhub des Hafens darunter, Mangel an jeder sozialen und seelischen Pflege«. Nicht der Umstand, dass man in Hamburg Frauen in der Rüstungsindustrie beschäftigte, irritierte Bäumer, dafür war sie nicht Pazifistin genug – die »Verwahrlosung«, der Sittenverfall zu Kriegszeiten empörte sie. Um die Jahrhundertwende war die Stadt zum Moloch geworden, mit der Einwohnerzahl war auch der Armenanteil explodiert, und der Weltkrieg steuerte seinen Teil zur Existenznot und allgemeinen Verunsicherung der Menschen bei. Soziale Einrichtungen für Arbeiterinnen waren kaum vorhanden. Für Bäumer war klar: In jeden größeren Betrieb gehörten fachlich ausgebildete »Fabrikpflegerinnen«, die sich um Gesundheitsfürsorge, Wohnungssituation und Kinderbetreuung der beschäftigten Frauen kümmerten.

Der Aufbau des Hamburger *Sozialpädagogischen Instituts*

Gertrud Bäumer und Helene Lange, 1907

unter der Leitung Bäumers ging Hand in Hand mit ihrem politischen Aufstieg – zu einem Zeitpunkt, an dem sich die Karriere ihrer dreißig Jahre älteren Lebensgefährtin Helene Lange gerade dem Ende neigte. Gut zwei Jahre bevor Lange nämlich 1919 als Alterspräsidentin und Abgeordnete der *Deutschen Demokratischen Partei* DDP die erste Hamburger Bürgerschaft eröffnete, bot man Bäumer die Leitung einer neu zu gründenden Bildungseinrichtung für Frauen an. Sie schuf daraufhin eine einzigartig durchorganisierte Musterschule, die nicht allein die fachliche Ausbildung, etwa bei der Kinderpflege, Jugendfürsorge, Pädagogik oder Wohlfahrtspflege, bot, sondern in einem fortführenden Seminar Frauen auch als Lehrkräfte für Frauenschulen ausbildete. Der ganzheitliche Aspekt stand dabei im Vordergrund: Neben dem Handwerk der Sozial- und Bildungsarbeit sollte vor allem der Idealismus für soziales Handeln vermittelt werden. In der Moorweidenstraße bezog man Räumlichkeiten, welche die Oberschulbehörde zur Verfügung stellte, und nutzte auch Hörsäle des Vorlesungsgebäudes der späteren Universität. Aufgenommen wurde man nur nach einem persönlichen Gespräch mit Gertrud Bäumer. Die Bewerberinnen standen meist unmittelbar unter dem Eindruck des Weltkrieges und kamen häufig aus »den sehr konservativen Hamburger Häusern, mit dem Gefühl, daß ihr Leben wie bisher nicht weiter gehen könne«. Auch ärmeren Frauen und Mädchen standen die Türen des Instituts dank einer dafür ins Leben gerufenen Stiftung prinzipiell offen. Die Wochenenden verbrachten Schülerinnen und Lehrerinnen dem pädagogischen Konzept folgend häufig zusammen; in einem Landhaus vor der Stadt, das Bäumer für das Institut angemietet hatte.

Privat wohnte Gertrud Bäumer mit Helene Lange zunächst

in einer Wohnung in der Scheffelstraße an der Außenalster, später zogen sie um in die nicht weit entfernte Clärchenstraße, heute Klärchenstraße, nach Winterhude. Aber zumindest Bäumer wird sich dort nur selten aufgehalten haben. War der Arbeitsalltag am Institut in Hamburg schon sehr ausgefüllt, so kann, spätestens nachdem sie 1919 für die DDP ins Parlament der Weimarer Nationalversammlung einzog, an Freizeit nicht mehr zu denken gewesen sein. »Morgens Fraktion, dann Plenum, dann bis Mitternacht wieder Fraktion – das sind ihre Ferien!«, schreibt Helene Lange entnervt über den Berufsalltag der Freundin als Politikerin.

Die Mitglieder des vorläufigen Parteivorstandes der neu gegründeten *Deutschen Staatspartei* während des Gründungsparteitages in Hannover, Juli 1930: Gertrud Bäumer, Hermann Dietrich, Alfred Weber, Hermann Höpker-Aschoff; stehend: Theodor Heuss, Hermann Fischer, Jäger-Berlin

Weimar blieb bei Weitem nicht die einzige Etappe Gertrud Bäumers als politische Funktionsträgerin. Sie war das, was man heute eine »Powerfrau« nennt. Die Stationen ihrer Biografie sind zahlreich: Sie wuchs, 1873 als Pfarrerstochter in Westfalen geboren, in Pommern im Haus der Großeltern auf, wurde dort neben den Werken Goethes auch mit denen der Jungdeutschen Heine und Gutzkow vertraut, ging als Lehrerin nach Magdeburg und knüpfte dort erste Kontakte zur bürgerlichen Frauenbewegung. 1898 zog sie zum Studieren nach Berlin, lernte Helene Lange kennen und gab mit ihr das mehrbändige »Handbuch der Frauenbewegung« heraus. Sie promovierte über Goethe, wurde 1910 Vorsitzende des *Bundes Deutscher Frauenvereine,* kurz BDF, und damit eine der einflussreichsten Vertreterinnen der Stimmrechtsforderung, gab mit Friedrich Naumann die politische Zeitschrift *Die Hilfe* und mit Helene Lange die Zeitschrift *Die Frau* heraus. Nach dem Aufbau des Instituts in Hamburg wurde sie für die DDP in die Nationalversammlung und später in den Reichstag gewählt. 1920 ging sie als Ministerialrätin im Reichsinnenministerium zurück nach Berlin, zuständig für das Schulreferat und die Jugendwohlfahrt, und wurde dort 1933 aus politischen Gründen entlassen. – In der Weimarer Republik war Gertrud Bäumer eine der erfolgreichsten, wenn nicht die erfolgreichste »Berufspolitikerin« – ein Begriff, mit dem sie sich allerdings niemals angefreundet hätte, da er zu viel Routine und zu wenig Leidenschaft suggeriert.

Ein paar Jahre nach dem Tod Helene Langes zog Bäumer mit ihrer neuen Lebensgefährtin Gertrud Hamer-von Sanden zusammen und widmete sich seit 1933 vermehrt der Tätigkeit als Schriftstellerin – zwangsweise, denn die Nationalsozialisten sahen in ihr laut einer Aktennotiz der Reichsschrift-

Teilnehmerinnen am Internationalen Frauenkongress
1904 in Berlin

tumskammer eine der »wildesten Demokratinnen« und ent-
ließen sie nach der Machtübernahme umgehend aus dem
Staatsdienst. Als Liberale war sie allerdings nicht so massiv
bedroht wie etwa die Kommunisten und Sozialdemokraten.
Ihre Äußerungen und Positionen während der Naziherrschaft
sind sehr ambivalent – als einflussreichste Repräsentantin
der bürgerlichen Frauenbewegung hat sie deren regime-
kritische Ansätze eher unterdrückt als gefördert. Sie selbst
sieht sich rückblickend als Teil des passiven Widerstands
gegen Hitler, als publizistische Opponentin. Tatsache ist,
dass sie noch 1930 einen Aufruf gegen die »Kulturschande
des Antisemitismus« unterzeichnete, ihr 1937 die Mitgliedschaft in der Reichsschrifttumskammer entzogen wurde und
sie nur noch mit Sondergenehmigungen publizieren durfte.
Ihre historischen Romane, die zu jener Zeit entstanden,
begriff sie als metaphorische Kritik am Dritten Reich, und
dass einige davon ausgerechnet im Münchner Verlag des
Hitler-Freundes Hugo Bruckmann erschienen, war für sie ein
gelungenes Manöver. Seit dem Ende der Nazidiktatur engagierte sie sich für den politischen Wiederaufbau in Deutschland, ohne dabei jemals wieder einer Organisation beizu-
treten. – Nach ihrem Tod nannte sich das *Sozialpädagogische
Institut* in Hamburg bis 1966 Gertrud-Bäumer-Institut.

Künstlerinnen

Die wilden Zwanzigerjahre

N ach dem Ende des Ersten Weltkrieges stand Hamburg vor einem Neuanfang. Mit der Novemberrevolution und der anschließenden Wahlrechtsreform verschoben sich die politischen Verhältnisse grundlegend, aus der Parlamentswahl von 1919 gingen die Sozialdemokraten als stärkste Fraktion hervor. Trotzdem gab man sich traditionsbewusst: Erster Bürgermeister wurde der den bürgerlichen Parteien nahestehende Werner von Melle – aus Rücksicht auf die alteingesessenen Hamburger Familien. Die Schifffahrt und der Handel litten schwer unter der Last der Reparationen, überall mangelte es an Lebensmitteln und Heizkohle. Vereinzelt breiteten sich heftige Unruhen aus, und die Inflationsrate stieg so hoch, dass der Hamburger Senat Notgeld verteilte. Erst 1923, mit der Währungsstabilisierung, erholte sich die Stadt und profitierte entscheidend von den Anleihen zum Wiederaufbau Deutschlands.

Der Aufschwung, der jetzt einsetzte und bis zur Weltwirtschaftskrise 1929 andauern sollte, schlug sich auch im Kulturleben der Stadt nieder. Unter den Künstlern und Intellektuellen der Stadt war die Aufbruchstimmung greifbar. Mit dem Pressegesetz Ende 1918 war die Zensur abgeschafft, und auch die Gründung der Universität im Jahr darauf trug erheblich zur Förderung des geistigen Klimas bei. Viele Zeitschriften wie die *Kündung, Die Rote Erde* und *Das neue Hamburg* entstanden und wurden zum Sprachrohr einer jungen Generation, die sich unter dem Eindruck der unmittelbaren Nachkriegszeit auch politisch artikulierte. In der Hamburgischen Sezession organisierten sich bildende Künstler und drängten an die Öffentlichkeit. Expressionistische Theater und Kabaretts hatten Hochkonjunktur – allen voran die Hamburger Kammerspiele und die experimentelle Kampf-bühne Lothar Schreyers an der Kunstgewerbeschule in Uh-lenhorst. Künstlercafés wie das HaKa in St. Georg und Kaba-retts wie der Bronzekeller in der Neustadt waren meist ge-rammelt voll. Hier diskutierte man, entwickelte Ideen und berauschte sich an – häufig spontanen – Vorführungen und anderem mehr.

In den Zwanzigern lebte die Stadt auf; Hamburg war in der Moderne angekommen und erfuhr nun jenen Aufbruch, der in Metropolen wie Berlin und München schon Jahre zuvor eingesetzt hatte. Schlichtweg konkurrenzlos waren dabei die Künstlerfeste im Curiohaus an der Rothenbaumchaussee; das Gebäude schrieb damals Geschichte. Die Veranstaltun-gen, die dort alljährlich über mehrere Tage und Nächte statt-fanden, waren expressionistische Gesamtkunstwerke: Tanz, Schauspiel, Lesungen, Ausstellungen, Musik – alle Künste waren vertreten, wurden mit großem Aufwand inszeniert und verliehen dem Bohemeleben der Stadt seinen ganz in-dividuellen Charakter. »Dämmerung der Zeitlosen«, »Die Götzenpauke «, »Der himmlische Kreisel« oder »Der siebente Krater« wurden die Feiern getauft; ausgelassen und mitunter zügellos ging es dort zu – nicht gerade hanseatisch: »So viel Freiheit«, schreibt Hamburgs bedeutender Dichter und Au-genzeuge Hans Henny Jahnn, »wie damals verbraucht wurde, gibt es auf dem ganzen Erdenrund nicht mehr.«

Hamburgs Frauen spielten in der Kulturszene der Zwan-zigerjahre eine tragende Rolle. So war etwa der Maskentanz Lavinia Schulz' ein Höhepunkt der Künstlerfeste und einschneidendes Ereignis für das progressivste Theater der Stadt: die Kammerspiele. Dort stand auch Erika Mann auf der Bühne – und gleichzeitig im Mittelpunkt einer der größten Theaterskandale Hamburgs. Die Auftritte der beiden boten der hiesigen Fachwelt ebenso reichhaltigen Gesprächsstoff wie ihre Vita der Klatschspaltenpresse. Das Engagement Ida Dehmels und Rosa Schapires war anderer Natur. Als unermüdliche Werberinnen und Organisatorinnen knüpften sie die entscheidenden Kontakte zu den wohlhabenden Bürgern der Stadt; es gelang ihnen, die alteingesessenen und traditionsbewussten Hamburger für die moderne Kunst zu begeistern. Durch die Gründung der *GEDOK,* der *Gemeinschaft Deutscher und Oesterreichischer Künstlerinnenvereine* aller Kunstgattungen, profitierten speziell Hamburgs kunstschaffende Frauen vom Wirken der beiden. Ihnen ist zu verdanken, dass die betuchten Hanseaten, wie Rosa Schapire es ausdrückt, »in dem für seinen konservativen Sinn so berüchtigten Hamburg [...] auch der jüngsten Kunst willig Gefolgschaft leisten«.

Ida Dehmel

(1870 – 1942)

*»Die Gesellschaft war die beste, die es in Hamburg
giebt. D. h. es giebt noch conservativere Kreise
(u. die halten sich ja immer für die allervornehmsten),
aber die kommen für moderne Menschen
überhaupt nicht in Betracht, weil Fortschritt für diese
Leute in keiner Form existiert.«*

Geboren am 14. Januar 1870 in Bingen • 1892 Bekanntschaft mit Stefan George • 1895 Hochzeit mit dem Berliner Kaufmann Leopold Auerbach; Geburt des Sohnes • 1896 Beginn der Liebesbeziehung mit Richard Dehmel • 1898 Bankrott Auerbachs und Scheitern der Ehe • 1901 Hochzeit Ida und Richard Dehmels in London; Umzug nach Blankenese bei Hamburg • 1906 Mitbegründerin des *Hamburger Frauenclubs* • 1912 Bezug der Jugendstilvilla; Mitgliedschaft in der *Deutschen Vereinigung für Frauenstimmrecht* • 1916 mit Rosa Schapire Gründerin des *Frauenbundes zur Förderung Deutscher Bildender Kunst* • 1920 Tod Richard Dehmels • 1926 Gründung des *Bundes Hamburgischer Künstlerinnen und Kunstfreundinnen*, aus dem im Jahr darauf die *GEDOK* wurde • 1931 Gründungsmitglied des *ZONTA-Clubs* Hamburg • 1933 Ausschluss aus der *GEDOK* • gestorben am 29. September 1942 in Hamburg durch Freitod

Nicht nur den Konservativen unter Hamburgs Bürgern erschien das skandalumwitterte Paar, das 1901 aus Berlin ins malerische Blankenese in die Parkstraße gezogen war und früh die jungen Künstler der Stadt anzog, suspekt. Schon in Berlin hatte es reichlich Klatsch und Tratsch um Richard und Ida Dehmel gegeben, den allürenreichen Star der zeitgenössischen Literatur und seine jüdische Muse, die mit der ersten Frau Dehmels, der Autorin Paula Oppenheimer, in einer Ehe zu dritt gelebt hatten. – Ein Experiment, das, sehr zum Leidwesen des Dichters, schließlich an den hohen Ansprüchen an beide Frauen scheiterte. Ida Dehmel hatte zu jener Zeit bereits die Scheidung von dem Berliner Kaufmann Leopold Auerbach, der wegen Betrugs zu Gefängnishaft verurteilt wurde, hinter sich. Und auch der als Dichter kultisch verehrte Richard Dehmel war spätestens seit dem aufsehenerregenden Selbstmord einer Hausangestellten, mit der er ein Verhältnis gehabt hatte, gesellschaftlich schwer angeschlagen.

Schlechte Voraussetzungen also für einen gelungenen Einstand in der Blankeneser »höheren Gesellschaft«, die zum Großteil aus Kaufleuten, Senatoren und Schiffskapitänen bestand. Ida Dehmel dürfte dies allenfalls am Rande interessiert haben. Ihre Schönheit – vom Ehemann im Versroman »Zwei Menschen« hymnisch besungen – ist bis heute legendär, aber das Bild der Femme fatale, das sie damals in vielen er-

Ida Dehmel, Gemälde von Julie Wolfssohn, undatiert

zeugte, war eher Projektion als Realität. Konsequent widersetzte sie sich den Annäherungen des jungen Stefan George, den sie noch aus ihrer Geburtsstadt Bingen kannte und für dessen Lyrik sie sich weitaus mehr begeisterte als für sein genialisches Gehabe. Genauso erging es dem eifrig um sie bemühten Schriftsteller Alfred Mombert, einem der besten Freunde Richard Dehmels. Die Förderung junger Talente war ihr Ziel, und künstlerische Eskapaden dürften sie dabei weitaus mehr interessiert haben als erotische. Doch die nüchternen Hamburger honorierten ihr Engagement zunächst nicht, die meisten von ihnen hielten sie und ihren Mann für jugendbewegte Fantasten und zwielichtige Exzentriker.

Das »Ziegenbock-Kletternest« – so hatte der Dichter und Freund des Hauses Peter Hille das Dorf Blankenese getauft, den am Elbhang gelegenen Vorort, der wie geschaffen für den naturverbundenen Ehemann war: »Wie ein Rausch kam es oft über ihn, wenn er an dem Hügelrand der Elbe entlangschritt, sich immer mehr von den Menschen entfernend, dem Meere zu. Da geriet er ins Laufen, Tanzen, und mit schallender Stimme sang er selbstgeschaffene Melodien zu eigenen Gedichten«, beschreibt Ida die Glücksmomente, die ihren Gatten gelegentlich ergriffen und für Irritationen unter den Nachbarn sorgten. In der Blankeneser Westerstraße bezogen sie 1912 ein großes Haus, eine Boheme-Villa, eigens für die Dehmels nach ihren Vorstellungen gebaut und eingerichtet und bis heute zu bewundern. Der Architekt Walther Baedeker, Sprössling der berühmten Verlegerfamilie, entwarf das Haus, das Interieur schuf Richard Dehmel selbst, zusammen mit Peter Behrens, Henry van der Velde und Emil Orlik. Ein Jugendstil-Gesamtkunstwerk, in das sich die illustre Schar der Gäste nahtlos einfügte: die Schriftsteller Hans Carossa

und Detlev von Liliencron, neben Richard Dehmel damals der bekannteste Dichter Hamburgs, die Kunstsammler Rosa Schapire und Harry Graf Kessler, die Bildhauerin, Malerin und Exfrau Rilkes Clara Rilke-Westhoff, der berühmte Max Liebermann aus Berlin – gerade überregional erfuhr der Blankeneser Salon mit seiner faszinierenden Gastgeberin immer höhere Wertschätzung, aber in der Hansestadt blieben viele Ida Dehmel gegenüber skeptisch. Der Hamburger Landgerichtsdirektor Gustav Schiefler etwa, wie Rosa Schapire einflussreicher Förderer der Brücke-Künstler, sah in ihr eine Diva mit Hang zur Profilneurose, die mit ihrer enormen Präsenz den berühmten Ehemann an seiner schöpferischen Entfaltung hinderte: »Er hat sich dagegen gewehrt, so gut er konnte, aber ich habe den Eindruck, als sei dennoch der Schmetterling im Spinnennetz hängen geblieben.« Ida, die Spinne, und Richard, der Schmetterling – eine kühne Metapher Schieflers, die sich angesichts der Tatsache, dass Ida

Ida und Richard Dehmel und Familie, 1908

Dehmel ihrem Mann jegliche Freiheiten gewährte, ohne Weiteres umkehren ließe.

Unermüdlich vermittelte Ida Dehmel Kontakte zu Mäzenen, Händlern und Verlegern, organisierte Veranstaltungen und Ausstellungen und kümmerte sich dabei vermehrt um die Bedürfnisse kulturschaffender Frauen. »Unsere Hamburger Künstlerinnen haben es bei den ungünstigen künstlerischen Verhältnissen unserer Handelsstadt nicht leicht, sich durchzusetzen«, schreibt sie in der *Hamburger Woche* in Anspielung darauf, dass die Künstlervereine der Hansestadt bis dato keine Frauen aufnahmen. Die Gründung des *Frauenclubs Hamburg* mit Sitz am Neuen Jungfernstieg im Jahr 1906 war ein erster großer Schritt, dem entgegenzuwirken. Hier organisierte Ida Dehmel neben Vorträgen auch Basare und Kostümfeste für Künstlerinnen, auf denen sie gern in orientalischer Verkleidung erschien. Der *Frauenclub Hamburg* – übrigens die Keimzelle des bis heute aktiven *Internationalen Lyceum Club Hamburg e.V.* – war das Fundament für vielerlei Aktivitäten Ida Dehmels, unter anderem wurde sie Mitbegründerin der *Deutschen Vereinigung für Frauenstimmrecht* und später, zusammen mit Rosa Schapire und der Bildhauerin Elena Luksch-Makowsky, Initiatorin des *Frauenbundes zur Förderung Deutscher Bildender Kunst.*

Der Erste Weltkrieg und seine Folgen bedeuteten auch im Leben Ida Dehmels einen tiefen Einschnitt. 1917 fiel ihr zweiundzwanzigjähriger Sohn aus erster Ehe, Heinz-Lux Auersbach. Drei Jahre später starb Richard Dehmel, der sich als Front-Freiwilliger gemeldet hatte, an den Folgen einer verschleppten Kriegserkrankung. Bestattet wurde er aber nicht auf einem Friedhof, für einen Individualisten wie ihn erschien Ida Dehmel das wohl zu profan. Die Urne mit seiner

Asche fand ihren Platz auf dem Bücherbord im Salon der Villa, immer in der Nähe der Ehefrau. Und endlich zeigte sich auch die Heimatstadt einmal dankbar, wenn auch mehr dem verstorbenen Ehemann gegenüber: Unterstützt vom Hamburger Senat, wurde die Villa in eine Stiftung überführt, was Ida Dehmel neben dem kulturellen Erhalt des Erbes gleichzeitig auch ein Wohnrecht garantierte. Die Veranstaltungen im

Ida und Richard Dehmel in einem Garten, undatiert

Haus wurden fortgesetzt, die Zusammenführung hoffnungs-voller Talente, arrivierter Künstler und betuchter Förderer weiter ausgebaut. Doch die bis heute bedeutendste Leistung der Gastgeberin als Vermittlerin von Kontakten innerhalb des Kunstbetriebs fand außerhalb ihres Hauses statt.

Im Dezember 1926 gründete sich auf Betreiben Ida Deh-mels der *Bund Hamburgischer Künstlerinnen und Kunstfreun-dinnen,* für den Vereinssitz wurden Räumlichkeiten im Ham-burger Hof am Jungfernstieg angemietet. Sämtliche Kunst-richtungen waren in diesem Bund vertreten: Malerei, Bild-hauerei, Kunsthandwerk, Musik, Literatur und darstellende Kunst. Und darüber hinaus band man auch die »Kunstfreun-dinnen« mit ein, interessierte Frauen, die sich um finanzielle und organisatorische Belange kümmerten und die die Wer-bung für die Projekte übernahmen. Erste große Ausstellun-gen von Hamburger Malerinnen wie Gretchen Wohlwill und Anita Rée fanden darauf im Hamburger Hof statt; viele gut besuchte Konzerte, Lesungen und Feste wurden veranstaltet. Die Arbeit des Vereins war so erfolgreich, dass sich innerhalb kürzester Zeit jede Menge Künstlerinnenverbände aus ganz Deutschland und Österreich anschlossen. Der Verein wurde schließlich zur *GEDOK,* zur *Gemeinschaft Deutscher und Oes-terreichischer Künstlerinnen und Kunstfreundinnen aller Kunst-gattungen.* Die erste Vorstandssitzung fand im Hamburger Hof 1927 statt; erste Bundesvorsitzende war die Gründerin Ida Dehmel. Leider hat sie nicht mehr erlebt, was aus der *GEDOK* heute geworden ist: mit weit über 3000 Mitgliedern der größte Künstlerinnenverband Europas. Er vergibt regel-mäßig einen nach seiner Gründerin benannten Literaturpreis, den mit Brigitte Kronauer und Ulla Hahn jüngst auch zwei Hamburgerinnen gewonnen haben.

Die *GEDOK* war für Ida Dehmel, wie sie mehrfach betonte, die »Verkörperung eines Zukunftstraumes«. Wie ein Albtraum muss ihr allerdings vorgekommen sein, was sie im April 1933 auf dem Weg zur Mitgliederversammlung im Hamburger Hof erlebte. Vor dem Vereinslokal hatte sich die SA postiert, zehn mit Schlagstöcken bewaffnete Uniformierte versperrten ihr den Weg und stellten ein Ultimatum: Binnen zehn Minuten habe sie ihr Amt als Verbandsvorsitzende niederzulegen, als Jüdin sei sie an der Spitze der Reichs-*GEDOK*, wie sie jetzt hieß, nicht länger tragbar. Verbandsarbeit, zumindest in leitender Funktion, war für Ida Dehmel nun nicht mehr möglich, und die letzten zehn Jahre lebte sie unterbrochen von einigen Reisen zurückgezogen in ihrem Haus in Blankenese. Immerhin, das blieb ihr, einflussreiche Freunde hatten sich bei den Nationalsozialisten für sie verwandt und sie vor der Zwangsenteignung bewahrt. Auch ihr Status als Ehefrau eines gefeierten Nationalliteraten schützte sie zunächst. Die Arbeit an ihrem autobiografischen Roman »Daija«, der als unveröffentlichtes Manuskript bis heute im Dehmel-Nachlass der Hamburger Staatsbibliothek schlummert, bestimmte ihre letzten Lebensjahre. Nachdem sie mit ansehen musste, wie um sie herum Tausende Hamburger Juden den »Evakuierungsbefehl« bekamen und deportiert wurden, nahm sie sich 1942 mit einer Überdosis Schlaftabletten das Leben.

Die Straße in Blankenese, in der die schöne Jugendstilvilla steht, heißt jetzt Richard-Dehmel-Straße. Gemessen an dem Interesse, das die Nachwelt vorwiegend der Ehefrau des Namensgebers zollt, sollte man die Straße vielleicht noch einmal umbenennen.

Rosa Schapire

(1874 – 1954)

»In der ganzen gebildeten Welt ist die Schack'sche
Galerie in München bekannt, daß aber auch Hamburg,
›die Stadt der guten, frommen Beefsteakvertilger und
gefüllten Kassen‹, äußerst wertvolle Privatsammlungen
besitzt, wissen die Allerwenigsten im Reiche,
ja sogar in Hamburg selbst.«

Geboren am 9. September 1874 in Brody/Ostgalizien • 1897 erstes Engagement in der Frauenbewegung • 1904 Promotion im Fach Kunstgeschichte in Heidelberg • 1905 Umzug nach Hamburg • 1907 passive Mitgliedschaft bei der Künstlergruppe *Brücke* • 1911 Eröffnung der ersten großen Einzelausstellung der Werke Karl Schmitt-Rottluffs, ihr Vortrag löst einen Skandal aus • 1916 mit Ida Dehmel Gründerin des *Frauenbundes zur Förderung Deutscher Bildender Kunst* • 1919 Mitherausgabe der Kunstzeitschrift *Die Rote Erde* • 1921 Mitherausgabe der Kunstzeitschrift *Kündung*; Schmitt-Rottluff gestaltet ihre Wohnung zum expressionistischen Gesamtkunstwerk • 1931 Gründungsmitglied des *ZONTA-Clubs* Hamburg • 1936 Bekanntschaft mit Samuel Beckett • 1937 Diffamierung vonseiten der Nationalsozialisten auf der Ausstellung »Entartete Kunst« in München • 1939 Flucht nach London • gestorben am 1. Februar 1954 in London an einem Herzinfarkt

Eine Wohnung wie die in Uhlenhorst, im dritten Stock der Osterbeckstraße 43, hatte man in Hamburg zuvor noch nicht gesehen: Die Wände in dunklem Grün gestrichen, Fenster- und Türrahmen in Schwarz, sämtliche Möbel Spezialanfertigungen und leuchtend gelb, braun und ultramarinblau bemalt, die Wände voll von Gemälden und Druckgrafik, Skulpturen über die Räume verteilt – ein einmaliges Expressionismus-Ensemble, ein Gesamtkunstwerk, jedes Detail erschaffen von Karl Schmidt-Rottluff. Achtzehn Jahre, von 1921 bis 1939, hatte es Bestand, ehe die Nationalsozialisten es zerstörten, indem sie die Besitzerin ins Exil zwangen und die Einrichtung als »Judengut« beschlagnahmten und versteigerten. Die auf diese Weise Enteignete war Hamburgs bekannteste Kunsthistorikerin, gute Freundin Schmidt-Rottluffs und unermüdliche Förderin junger Kunst: Rosa Schapire.

»Pleasant old lady. Mad little woman«, notierte der irische Schriftsteller Samuel Beckett in sein Tagebuch, als er sie 1936 in ihrer Hamburger Wohnung besuchte, und war vom knalligen Interieur ebenso beeindruckt wie vom Enthusiasmus, mit dem Rosa Schapire für die Bilder Munchs, Kirchners und Schmidt-Rottluffs eintrat. Und Beckett hatte recht, zierlich war sie tatsächlich und verrückt auch, im positiven Sinne. Seit sie 1905 aus Heidelberg nach Hamburg gezogen war, schrieb sie unzählige Artikel, hielt etliche Vorträge, initiierte Ausstellungen, sammelte leidenschaftlich, organisierte Museumsankäufe und bescherte Schenkungen – ein Arbeitstier, ein Wirbelwind der Kunstvermittlung. Ihrem bedingungslosen Einsatz verdankt die Stadt, dass sie eine maßgebliche Rolle im deutschen Expressionismus spielte.

Bereits 1903 hatte Rosa Schapire in der *Frankfurter Zeitung* anerkennend über Hamburgs Privatgalerien geschrieben und festgestellt, dass sich hier eine fortschrittliche Sammlerszene zu etablieren begann, die im Gegensatz zum alteingesessenen Kaufmannsadel nicht ausschließlich am Verwahren ihrer Kunstschätze interessiert war. Frisch promoviert – als eine der ersten Frauen ihres Faches –, ließ sie sich als freie Kunsthistorikerin in Hamburg nieder. Ihre Dissertation hatte sie über den klassizistischen Architekturmaler Johann Ludwig Ernst Morgenstern geschrieben, aber ihr Hauptinteresse galt der jungen, zeitgenössischen Kunst. Neben ihrer publizistischen Tätigkeit, aus der zahlreiche Artikel zum Hamburger Kulturbetrieb hervorgingen, war die energische, stets auffällig gekleidete Frau auch als Balzac- und Zola-Übersetzerin aktiv, was sicherlich mit ausschlaggebend für ihre bemerkenswerte Wortgewandtheit war. »Ich sehe sie noch vor mir, eine schlanke Gestalt in einem grasgrünen Kleid, einem Pompadour am Arm. Vater kommt ihr zur Begrüßung entgegen. Sie reicht ihm etwas geziert die Hand und spricht so gediegen. Ihre manierierte Art regte uns zur Nachahmung an, so daß wir Kinder – wenn man uns schlafend wähnte – in Nachthemden ›Schapire-Abende‹ veranstalteten. Wir verkleideten uns [...] und machten gepflegte Konversation in ihrer gewählten Sprache«, beschreibt Gertrud Irwahn, die Tochter des damaligen Direktors des Hamburger Museums für Kunst und Gewerbe ihre Kindheitserinnerung an Rosa Schapire. Ihre Kunstvermittlung betrieb sie so eloquent wie enthusiastisch, brachte Mäzene und Interessierte zusammen

Rosa Schapire und der Maler
und Grafiker Willem Grimm, 1925

und hielt Vorträge, vor allem in Vereinen. Schon seit 1897 engagierte sie sich in der Frauenbewegung, insbesondere für die Belange von Künstlerinnen. Angeregt von der zeitgenössischen Dichtung – ihrer zweiten Passion, allerdings weitaus weniger ausgeprägt –, beeinflusst von den Werken Henrik Ibsens und Gerhart Hauptmanns, wies sie schon früh auf den Konflikt zwischen der Rolle als Ehefrau und künstlerischer Selbstverwirklichung hin. Dass sie 1916 zusammen mit Ida Dehmel im Gründungskomitee des *Frauenbundes zur Förderung Deutscher Bildender Kunst* saß, der unter anderem vehement für die Unterstützung junger Künstlerinnen eintrat, war selbstredend.

Bis heute berühmt ist Rosa Schapire für ihre Lebensleistung als Förderin der Künstlergemeinschaft Brücke. Als »PM 30«, als dreißigstes passives Mitglied, hatte Ernst Ludwig Kirchner ihren Namen ins Brücke-Mitgliederverzeichnis geschnitzt. 1907 war sie auf Anregung Gustav Schieflers beigetreten und besuchte darauf Schmidt-Rottluff und Erich Heckel im Brücke-Atelier in Dangast. Ihre rege Vermittlungstätigkeit trug schnell Früchte, am Ende kamen 24 der 68 fördernden Mitglieder aus Hamburg. Sie selbst besaß bald eine umfangreiche Kollektion der Grafiken Schmidt-Rottluffs, den sie 1910 nach Hamburg holte, wo mittlerweile die meisten seiner Sammler wohnten. In der Kleinen Johannisstraße, nah dem Rathausmarkt, verschaffte sie ihm ein Atelier; beide bereiteten jetzt die erste große Einzelausstellung seiner Werke 1911 in der namhaften Galerie Commeter an der Mönckebergstraße vor. Der Eröffnungsvortrag Rosa Schapires sorgte für einen Eklat, wie Schmidt-Rottluff berichtet: »Die Ausstellung hat hier unglaublich Leben hervorgerufen – die Reporter spuckten – doch hatte ich selber das mal nicht auf dem Gewissen, sondern der Vortrag Dr. Schapires.« Es gestaltete sich zunächst sehr schwierig, über den Sammlerkreis hinaus Kunstinteressierte für ihren Protegé zu begeistern. In der Hamburger Presse jedenfalls bespöttelte man sowohl den Künstler als auch seine Missionarin:»Fräulein Dr. Rosa Schapire ist eine alte Freundin der Brücke, und ihr gestriger Mittagsvortrag war gewissermaßen ein Verteidigungsvortrag als Eröffnungsrede für seine [Schmidt-Rottluffs] große Kollektivausstellung, die die Oberlichtsäle der Commeter-Galerie füllt. [...] Ihre Prophezeiung, dass Schmidt-Ruttloff [!] sich einen Platz in der Kunstgeschichte errang oder erringen wird, bildete einen hübschen aber kühnen Schluß.« – Bei Commeter aber, und nicht nur dort, sah man voraus, dass Rosa Schapire letztendlich recht behalten würde, und buchte den Künstler gleich für die nächste Werkschau: Noch im selben Jahr stellte die Galerie unter anderem fünfzehn geschnitzte Holzkästen Schmidt-Rottluffs aus.

Jede Menge Überzeugungsarbeit hatte Rosa Schapire bei den Museen der Stadt zu leisten. Besonders Gustav Pauli, der Direktor der Hamburger Kunsthalle, zeigte sich dem Ausstellen expressionistischer Kunstwerke gegenüber zunächst zögerlich, von deren Ankauf ganz zu schweigen. Zwar erkannte er das Potenzial der neuen Richtung, eine am Publikumsgeschmack orientierte Vermittlung erschien ihm aber problematisch:»Die Kunsthalle«, so Pauli, »kann sich selbstverständlich vor dieser aufwärtsdrängenden Bewegung nicht verschliessen; allerdings sehe ich hier die schwerste meiner Aufgaben.« Dem beharrlichen Drängen des *Frauenbundes* war es schließlich zu verdanken, dass Pauli, indem er an die Toleranz der Hamburger appellierte, die Kommission für die Verwaltung der Kunsthalle zur Einsicht brachte. Erfreut

Karl Schmidt-Rottluff, »Bildnis R. S.« (Rosa Schapire),
Holzschnitt auf Papier, 1915

schrieb Rosa Schapire darauf: »Die Kunsthalle hat dem Frauenbund vier Räume für die Ausstellung zur Verfügung gestellt. Die Ausstellung wird sichtbare Spuren in der Galerie hinterlassen. Ein Blumenstilleben von Schmidt-Rottluff aus dem Jahr 1912 ist als Geschenk des Frauenbundes in den Besitz der Kunsthalle übergegangen.« – Die Gunst der Oberschicht musste mit Schenkungen erkauft werden, das war Bestandteil des Vermittlungsprogramms Rosa Schapires. Nur so war expressionistische Kunst auf Dauer in die Museen zu bringen.

»Für Nolde, Schmidt-Rottluff oder Kirchner sich einzusetzen, hat vor etwa zehn oder zwölf Jahren ein gewisses intuitives Vermögen, eine Kühnheit des Sehens und Empfindens vorausgesetzt – heute nicht mehr«, schreibt Rosa Schapire Ende 1919 in der expressionistischen Zeitschrift *Kündung*. Sie hatte es geschafft: An den *Brücke*-Künstlern kam nun niemand mehr vorbei; Zeit, sich weitere Ziele zu stecken und neue Wege zu beschreiten. Zusammen mit dem Dichter Karl Lorenz gab sie ab 1919 *Die Rote Erde* heraus, mit dem Kunsthistoriker Max Niemeyer seit 1921 die *Kündung,* die grafische Gestaltung übernahm Schmidt-Rottluff. Literatur, Druckgrafik, Feuilleton und Kritik verschmolzen dort nach Vorbild von Herwarth Waldens berühmter Zeitschrift *Der Sturm* zum universalen Gesamtkunstwerk. Beide Blätter sahen sich heftigen Angriffen von konservativer Seite ausgesetzt, konnten aber während des gesellschaftlichen Umbruchs der Nachkriegszeit viel bewegen. Sie wurden die bedeutendsten Organe des Hamburger Expressionismus und boten Rosa Schapire das ideale Forum zur Förderung der heimischen Avantgarde. In der Hamburgischen Sezession, einer der Keimzellen der berühmt-berüchtigten Künstlerfeste im Curiohaus, trug sie

sich als literarisches Mitglied ein und ließ zugunsten der Jüngeren unter den Sezessionskünstlern ihre Kontakte spielen. Namentlich die Malerin Anita Rée profitierte vom effektiven Netzwerk der Kunsthistorikerin, eine aufsehenerregende Ausstellung in den *GEDOK*-Räumen des Hamburger Hofes wäre ohne ihr Zutun gewiss nicht zustandegekommen.

Ab 1933 musste sich Rosa Schapire als Jüdin und Förderin verfemter Künstler mehr und mehr aus dem Hamburger Kunstbetrieb zurückziehen. Zwar lobte Gustav Pauli vor dem Senator für Innere Verwaltung nachhaltig ihre Verdienste für die Kunsthalle und bezeugte, »daß im Mittelpunkt ihrer Interessen und Fürsorge die deutsche Kunst« stehe. Doch Pauli versuchte nur zu retten, was nicht mehr zu retten war. In der Kunsthalle bekam sie auf Betreiben der Nationalsozialisten Hausverbot, nachdem sie den sukzessiven Aus-

Das Commeterhaus, Mönckebergstraße,
oben das Rathaus, um 1918

verkauf der Exponate, insbesondere der expressionistischen, scharf kritisiert hatte. 1937 stellte man in der Münchner Ausstellung »Entartete Kunst« neben vielen anderen Werken Schmidt-Rottluffs auch Rosa Schapires Holzschnittporträt zur Schau, sie selbst wurde in ihrer Eigenschaft als Kritikerin angeprangert. Beim Besuch der Ausstellung zeigte sie sich hocherfreut über die Fülle modernster Exponate, die entehrende Präsentation nahm sie dabei in Kauf. Erst 1939, zwei Wochen vor Kriegsbeginn, siedelte sie mit einem englischen Transitvisum nach London über. Ihr Leben war gerettet, doch die umfangreiche Kunstsammlung nicht. Die Nationalsozialisten verkauften alles – zu Spottpreisen.

1954 starb Rosa Schapire ausgerechnet dort, wo sie sich in ihren letzten Jahren vermutlich am wohlsten fühlte: in der Londoner Tate Gallery, in der sie einer Herzattacke erlag. Zuvor hatte sie noch die erste Ausstellung der Werke Karl Schmidt-Rottluffs in England organisiert. Ihn schmerzte der Verlust am meisten, dem Londoner Kunsthändler Gustav Delbanco schrieb er: »Was es für mich bedeutet, sie nicht mehr am Leben zu wissen, brauche ich Ihnen nicht zu sagen, man erlebt nicht ein zweites Mal, daß ein Mensch eine so intensive Anteilnahme an einer Entwicklung nimmt.«

Lavinia Schulz

(1896 – 1924)

*»Wir bitten diejenigen unter Ihnen, die ebenfalls
wie wir das Verkaufen von Geistigem
an das Geld für Todsünde ansehen, uns diesen
Kompromiß nicht übelzunehmen.«*

Über die Notwendigkeit, gegen Geld auftreten zu müssen

Geboren am 23. Juni 1896 in Lübben/Lausitz • 1916 Mitglied der Sturm-Bühne in Berlin • 1918 Titelrolle im Stück »Sancta Susanna« von August Stramm, die Aufführung löst einen Skandal aus • 1919 Übersiedlung nach Hamburg, Engagement an Lothar Schreyers Kampfbühne; Beginn der Beziehung mit dem Tänzer Walter Holdt • um 1920 Bekanntschaft mit dem Musiker Hans Heinz Stuckenschmidt, der die musikalische Begleitung der Tanzauftritte übernimmt; Beginn der Herstellung der Ganzkörpermasken • 1921 Maskentanz-Auftritt auf dem Künstlerfest »Die Götzenpauke«; Veröffentlichung der Tanzschrift »Vier Sätze der Toten Frau«; Soloabend mit Holdt im Hamburger Museum für Kunst und Gewerbe • um 1922 Auftritt mit Holdt und der Tänzerin Elsbeth Baack in den Hamburger Kammerspielen • 1923 Revue-Auftritte im Kabarett Die Jungfrau am Jungfernstieg; Geburt des Sohnes • gestorben am 19. Juni 1924 durch Freitod, nachdem sie Walter Holdt umgebracht hatte

Zwei Gongschläge schufen Stille; das Orchester setzte ein. Mitten auf der Bühne stand, die Glieder gespreizt, eine zunächst regungslose Gestalt. Kopf, Rumpf und Gliedmaßen in aneinandergereihten bunten Kuben verborgen. Ein bizarres Bauwerk aus bunten Pappschachteln. Nur das Glitzern des Scheinwerferlichts verriet, daß darunter ein Mensch angestrengt atmete.« Gebannt verfolgte der junge Schriftsteller und Publizist Lovis Hans Lorenz im gut gefüllten Saal der Hamburger Kammerspiele die bizarre nächtliche Performance, die sich vor ihm auf der Bühne abspielte. Lavinia Schulz und Walter Holdt, die beiden Tänzer, bewegten sich in ihren schweren, futuristischen Ganzkörpermasken aus Sackleinen, Metall, Sperrholz, Pappe, Draht und Wolle so leichtfüßig wie möglich. »Toboggan«, »Springvieh«, »Bertchen« und »Skirnir« – so hießen die klangsprechenden Wesen, die dort zu den atonalen Kompositionen des Musikers Hans Heinz Stuckenschmidt umhersprangen: Symbiosen aus Insekten und Robotern, eindrucksvoll dargestellt von Hamburgs populärstem Tanzpaar jener Zeit. Nicht erst die »Nachtvorstellung« in den Kammerspielen machte es stadtbekannt, schon sein erster Auftritt auf dem Künstlerfest »Die Götzenpauke« wurde zum gefeierten Event.

Lavinia Schulz war, was die Entwicklung und Realisation von Ideen betraf, die treibende Kraft der beiden. Entdeckt wurde sie vom Schriftsteller und Dramaturgen Lothar Schreyer an der Berliner Sturm-Bühne, dem Schauspielforum der gleichnamigen Zeitschrift Herwarth Waldens. In einer dada-

Künstlerfest »Der himmlische Kreisel«,
1922, unten links: Walter Holdt und Lavinia Schulz

istischen Inszenierung von August Stramms Stück »Sancta Susanna« spielte sie 1918 als Debütantin gleich die Titelrolle. Es gab nur eine einzige Aufführung, an deren Ende das Publikum in seinem Urteil vollends gespalten war. »Lavinia Schulz«, entsinnt sich Schreyer, »eine geniale Person mit wilder Leidenschaft, nur von der Zucht der Kunst gebändigt, spielte – nackt – die Sancta Susanna, unter atemlosem Verharren – vielleicht Entsetzen – der Zuschauer, die nach dem Ende des Spiels in frenetischem Beifall und wüsten Protesten das Kampfschauspiel zweier Welten boten.« Die Veranstaltung endete mit Tumulten, Prügeleien und dem Eingreifen der Polizei. Auch bei der Presse fiel sie erwartungsgemäß durch, Schauspiel- und Gesangsleistung wurden verrissen. Lothar Schreyer ging darauf nach Hamburg, wo er bereits als Dramaturg am Schauspielhaus tätig war, und gründete nach Berliner Vorbild die Kampfbühne; Lavinia Schulz folgte ihm. An der Kunstgewerbeschule am Lerchenfeld, wo man probte und aufführte, lernte sie den zwei Jahre jüngeren Walter Holdt kennen, der bald zum neu gegründeten Ensemble stieß. Eine folgenreiche Begegnung: Die Amour fou, in die sich beide stürzten, führte nicht selten zu heftigen Auseinandersetzungen während der Proben; sie ging sogar einmal so weit, dass Lavinia Schulz von Holdt an den Haaren quer durch den Schulsaal gezogen wurde. – So wollte Schreyer den Begriff »Kampfbühne« nicht verstanden wissen, und da sämtliche Schlichtungsversuche erfolglos blieben und zudem unterschiedliche bühnenprogrammatische Vorstellungen bestanden, trennte der Dramaturg sich letztendlich von beiden. Das Engagement am Lerchenfeld endete, noch ehe es richtig begonnen hatte.

Eine enge Kellerwohnung am Besenbinderhof unweit der

Hamburger Kammerspiele, in der neben Lavinia Schulz und Walter Holdt übergangsweise auch ihr Freund Hans Heinz Stuckenschmidt wohnte, war Proberaum, Schlafplatz und Werkstatt zugleich. Tagsüber wurde an den Vollmasken gearbeitet, geprobt, entworfen und geschrieben; Lavinia Schulz' expressionistische Tanzschrift »Vier Sätze der Toten Frau« entstand. Die Nächte verbrachte man in Hängematten unter Pferdedecken oder nebenan im Café HaKa – damals das Szenelokal der Hamburger Boheme. Hier scharten sich die Schauspieler der Kammerspiele um ihren Star Gustaf Gründgens, hier trafen sich Dichter, Maler, Bildhauer, Tänzer, Musiker – alles, was in der Hamburger Kulturszene der Zwanzigerjahre einen Namen hatte oder haben wollte. Ihren ersten großen Auftritt bekamen Lavinia Schulz und Walter Holdt 1921 im Curiohaus auf dem legendärsten aller Hamburger Künstlerfeste, besagter »Götzenpauke«: Drei Tage lang bot sich dort allen Beteiligten ein sagenhaftes Szenario. Durch die von Hamburger Sezessionisten geschmückten Säle, zwischen den meterhohen Götzenfiguren des Bildhauers Richard Luksch, wogte eine ekstatische, wild kostümierte Menschenmenge in Richtung Bühne. Neben »Lawinia« Schulz und Hold Omm – Holdts Künstlername – tanzten dort die Schwestern Gertrud und Ursula Falke ihre Dada-Inszenierung »Götzenbumbum«, die Ausdruckstänzerinnen Mary Wigman und Elsbeth Baack und die Puppenspielerin Cläre Popp waren dabei, die Schriftsteller Hans W. Fischer und Hans Harbeck lieferten Textbeiträge. Die »Götzenpauke« war erst der Anfang, auch auf den folgenden Künstlerfesten »Der Himmlische Kreisel« und »Cubicuria. Die seltsame Stadt« trat das Maskentänzerpaar auf. Der mitternächtlichen Vorstellung in den Kammerspielen zusammen mit Elsbeth Baack,

die das Bühnenprogramm während der Umkleidepausen
bestritt, folgten bald Aufführungen zur Primetime – in den
gut besuchten Revuen des literarischen Kabaretts Die Jungfrau am Jungfernstieg.

Mit den öffentlichen Auftritten kam die Publizität. Anlässlich eines Soloabends des Paares Ende 1921 im Hamburger
Museum für Kunst und Gewerbe schrieb Karl Lorenz in *Die
Rote Erde:* »Tanz, Tongestaltung und Maske. Das ist ein Drei-
Klang, ein Drei-Gebet. Die Lösung dieser Aufgabe wird sicher
von großer Bedeutung sein für die deutsche Sprach-, Tanz-,
Theaterkultur. Wo sind die Menschen, die weitsehend genug
sind und diese beiden Menschen stützen?!« An Öffentlichkeit
war Lavinia Schulz allerdings bloß insofern interessiert, als
dass sie ihren Maskentanz dort als »reine Kunst des Geistes«
wahrgenommen wissen wollte. Materielle Aspekte waren ihr

links: Tanzpaar »Toboggan« (Lavinia Schulz
und Walter Holdt), um 1924
rechts: Lavinia Schulz, um 1919

nicht nur egal, sondern sogar zuwider. Sie lehnte es schlicht-weg ab, gegen Gage aufzutreten, und das bisschen, das sie schlechten Gewissens einstrich, sollte allein in die Fertigung der Masken fließen: »Wir bitten diejenigen unter Ihnen, die ebenfalls wie wir das Verkaufen von Geistigem an das Geld für Todsünde ansehen, uns diesen Kompromiß nicht übel-zunehmen«, notiert sie 1921 anlässlich eines bevorstehenden Auftritts. Entsprechend spartanisch ging es in der Kellerwoh-nung am Besenbinderhof zu. Das Paar heizte schlecht oder gar nicht, ernährte sich hauptsächlich von Gemüsesuppe und Tee und war häufig erkältet. Katastrophale Zustände, die sich seit 1923 durch eine Schwangerschaft Lavinia Schulz' und die damit einhergehende Arbeitsunfähigkeit weiter ver-schlimmerten. Beim frisch gebackenen Vater scheint die Ge-burt des gemeinsamen Sohnes einen zunehmenden Mangel an Arbeitsdisziplin verursacht zu haben. Da sich die Energie seiner Frau – beide hatten zwischenzeitlich heimlich gehei-ratet – auf das Neugeborene fokussierte, war er nun allein für Broterwerb und Organisatorisches zuständig. Holdt besaß dafür jedoch sehr viel weniger Sinn als für diverse ausschwei-fende Nächte im HaKa – die Tage verschlief er. Laut zeitge-nössischen Presseberichten muss die junge Familie damals kurz vor dem Verhungern gewesen sein. Insofern war eine Ehekrise vorprogrammiert; ihre Heftigkeit überrascht den-noch: Am 18. Juni 1924 berichtet das *Hamburger Fremden-blatt:* »Heute morgen erschoß die 28jährige Ehefrau Lavinia Holdt ihren 25 Jahre alten Ehemann, den Artisten Walter Holdt. Kurz nach 7 Uhr morgens kam Frau Holdt in eine im Hptr. gelegene Wohnung und erklärte dort, sie habe ihren Mann erschossen. Dann ging Frau Holdt wieder in ihre im Parterre gelegene Wohnung und gleich darauf hörte man einen Schuß. Die herbeigerufene Polizei fand die Frau im Vorraum des Schlafzimmers mit einer Kopfschußverletzung noch lebend am Boden, während der Mann tot im Bett lag.«

Das Kind blieb unversehrt, aber Lavinia Schulz starb noch am selben Tag im Krankenhaus St. Georg. Ihre Tanzmasken sind weltweit einmalig und gehören zu den bedeutendsten Zeugnissen des Expressionismus in Hamburg. Weit über ein halbes Jahrhundert lagerten sie unentdeckt in Transportkisten im Hamburger Museum für Kunst und Gewerbe. Nur einem glücklichen Zufall ist es zu verdanken, dass sie schließlich gefunden wurden und heute dort zu bewundern sind.

~~~~~~~~~~

Erika Mann
(1905 – 1969)

*»Regen plantscht aufs Außendeck / So, wie dunnemals, /
Manche Damen lieben Schreck, / Andre tragen Schals. /
Manche Herren singen gern, / Andre treiben Sport, /
Und ich bliebe gern bei dir, / Aber ICH MUSS FORT.«*

Aus der Schiffselegie »Last Cry«, 1927 für Pamela Wedekind geschrieben

Geboren am 9. November 1905 in München • 1923/24 Beginn der
Freundschaft mit Pamela Wedekind • 1924 Aufnahme eines Schau-
spielstudiums in Berlin; Verlobung Klaus Manns mit Pamela Wede-
kind in München; Gustaf Gründgens holt Klaus Mann an die
Hamburger Kammerspiele • 1925 Übersiedlung nach Hamburg;
Uraufführung von Klaus Manns Skandalstück »Anja und Esther«
mit Erika Mann und Pamela Wedekind in den Titelrollen, Regie
führt Gustaf Gründgens; Teilnahme am Künstlerfest »Der siebente
Krater« • 1926 Hochzeit mit Gründgens, Bezug der gemeinsamen
Wohnung in Harvestehude • 1927 Aufführung von Klaus Manns
Stück »Revue zu Vieren«, heftiges Zerwürfnis mit Gründgens we-
gen unterschiedlicher Auffassungen über die Qualität des Stückes;
Aufbruch mit ihrem Bruder nach Amerika • 1929 Scheidung von
Gründgens • gestorben am 27. August 1969 in Zürich

Dichterkinder spielen Theater!«, lautete der Slogan, mit dem die Hamburger Kammerspiele 1925 ihr wichtigstes Stück der Spielzeit bewarben und der das Publikum in Scharen anzog: Am 22. Oktober feierte Klaus Manns Drama »Anja und Esther« in Hamburg Premiere. Das Aufsehen war groß, was bei der sensationellen Besetzung nicht weiter überraschte. – Die Titelrollen in dem Stück, das lesbische Paar Anja und Esther, spielten Erika Mann und Pamela Wedekind, die Töchter der berühmten Schriftsteller Thomas Mann und Frank Wedekind. Und neben Gustaf Gründgens, der zusätzlich zur Regie auch eine Rolle im Stück übernahm, wirkte Klaus Mann selbst mit. Jedem, der die deutsche Literatur- und Theaterszene aufmerksam verfolgte, war die Brisanz der Angelegenheit bewusst: Die »Dichterkinder«, die berühmten Akteure des Stückes, spielten nichts weniger als sich selbst.

Schon mit der Idee, als Darstellerinnen für »Anja und Esther« gleich deren reale Vorbilder zu engagieren, bewies Gustaf Gründgens ein gutes Gespür für die erhoffte Resonanz. Geradezu genial aber war sein Schachzug, auch den Autor des Stückes für eine Rolle zu verpflichten. Klaus Mann, Erikas Bruder, holte er aus Berlin nach Hamburg, Pamela Wedekind aus Köln. Erika Mann war damals an einer eher provinziellen Bühne in Bremen engagiert und ließ sich durch das attraktive »Anja-und-Esther«-Angebot und die Aussicht, mit dem Bruder zusammenarbeiten zu können, mehr als gern nach Hamburg lotsen. Die drei »Dichterkinder« waren schon zu Münchner Zeiten – noch als Teenager – eng befreundet und

dort für ihre Extravaganzen bekannt gewesen. Pamela Wede-
kind und Klaus Mann hatten sich sogar verlobt, weniger aus
Gründen ernsthafter Zuneigung, sondern eher, um die
Münchner »gute Gesellschaft«, vor welcher der Sohn des berühmten Thomas Mann seine Homosexualität keinesfalls
verbarg, zu irritieren. Auch die sehr enge Bindung zwischen
Erika Mann und Pamela Wedekind hatte bereits hinlänglich
Anlass zu Spekulationen gegeben. Dass das Stück um das
Paar Anja und Esther in einen Theaterskandal münden würde, war von daher voraussehbar. Dabei zeigte sich das aufgeschlossene Publikum der Hamburger Kammerspiele – bekannt als experimentierfreudigste Bühne der Stadt – durchaus angetan. Die Presse allerdings weniger. »Es war gestern
ein groß Gegacker um ein erstes Dichterei«, ein »aufgeweichter
Hasenclever«, dem »dann und wann Bert Brecht revolver-
knackend dazwischen[funkte]«, höhnte das *Hamburger 8 Uhr
Abendblatt*. Bis in die Hauptstadt schlugen die Wogen der
Empörung, im *Berliner Börsen-Courier* kanzelte dessen Chef-
kritiker Herbert Ihering das Stück als reinen Kitsch, als
»szenischen Marlittroman der Homosexualität« ab. Einhellig
gelobt wurde allerdings die schauspielerische Leistung Erika
Manns, was schließlich auch ihrem kritischen Vater nicht
entging: »Alles in allem«, schreibt Thomas Mann ihr, »hast
Du ja wohl bei der Sache am besten abgeschnitten, soweit die
Presse in Frage kommt. Mehrfach fand ich dort die Meinung
geäußert, daß Du Deinen Weg als Schauspielerin wohl machen würdest.«

Erika Mann war durch ihre Rolle an den Hamburger
Kammerspielen über Nacht bekannt geworden und auch der
Ruf des Theaters, besonders der seines aufstrebenden Jung-
regisseurs Gustaf Gründgens, profitierte von der prominen-

ten Besetzung des Stückes. Zusammen mit Gründgens stürzten sich die »Dichterkinder« in das Hamburger Kultur- und Nachtleben. Sie waren die Attraktion des Künstlerfestes »Der siebente Krater«, Stammgäste im Curiohaus und im Szenelokal HaKa. Nach ihren Vorstellungen im Theater zogen sie häufig durch die »Kaschemmen und Matrosen-Dancings von St. Pauli«, wie sie die hiesigen Bars nannten, und knüpften nahtlos an ihr Bohemeleben in München an. Mit reichlich Allüren und nicht frei von Größenwahn – man hielt sich

Erika Mann und Pamela Wedekind

Künstlerfest »Der siebente Krater«, 1925. Mittlere Reihe:
Erika Mann, rechts neben ihr Gründgens, unten Klaus Mann,
vor ihm Elsbeth Baack

schließlich für die Speerspitze der deutschen Schauspiel-
avantgarde – kosteten die gerade Zwanzigjährigen ihren
Ruhm aus. Anatol Regnier, der Sohn Pamela Wedekinds,
schreibt später in seiner Familienbiografie unter anderem
von gescheiterten Drogenexperimenten des Geschwister-
paars und seiner Mutter: Nachdem sie auf der Reeperbahn
Kokain gekauft haben, müssen sie in ihrer Pension in der
Alten Rabenstraße feststellen, dass sie übers Ohr gehauen
worden sind. »Die Wirkung«, so Regnier, »bleibt aus – der Stoff
ist wohl Puderzucker –, aber Erika, die gehört hat, dass Koka-
inabhängige lügen, fängt an, zum Spaß haarsträubende Un-
wahrheiten zu erzählen.« Der Skandal um das Quartett wurde
durch die provokante Stilisierung Erika Manns und Pamela
Wedekinds weiter befeuert: Gleich gekleidet, gleich frisiert
und eng aneinandergeschmiegt, ließen sie sich fotografieren.
Die Schriftstellerin Thea Sternheim amüsiert sich in ihrem
Tagebuch über die »betont lesbischen Allüren. Betont männ-
liche Aufmachung. Pamela hantiert mit der Reitpeitsche.« –
Sogar bis in die viel gelesene *Berliner Illustrierte* schafften sie
es: mit großem Foto auf der Titelseite.

Die Spekulationen um die Frage, in welcher Konstellation
die »Anja-und-Esther«-Darsteller auch in der Realität ein Paar
waren, erhielten 1926, ein halbes Jahr nach der Premiere des
Stückes, neue Nahrung: Erika Mann und Gustaf Gründgens
überraschten die Öffentlichkeit mit der Bekanntgabe ihrer
Hochzeit. Bis heute rätseln die Biografen über die Motive
für diese Verbindung. Zumindest beruflich profitierten beide
von ihr: Gustaf Gründgens war zum Schwiegersohn des
prominenten »Buddenbrooks«-Schöpfers aufgestiegen, Erika
Mann zur Frau eines der begabtesten Theaterregisseure
Deutschlands, der ihr zu attraktiven Rollen verhalf. Darüber

hinaus aber war der »Bund fürs Leben« von Anfang an sehr
fragil. »Und jetzt sind wir einfach im Kurgartenhotel, wo groß
und klein uns frivol behandeln muß, da niemand, der Klüg-
ste nicht, den Ehestand uns glauben kann«, schreibt Erika
Mann amüsiert an Pamela Wedekind während der Hochzeits-
reise und bekräftigt immer wieder, dass ihr die Beziehung

Erika Mann mit Manuskript, 1945/46

zur Freundin sehr viel wichtiger sei als die zum frisch angetrauten Gatten. Für kurze Zeit war eine Harvestehuder Parterrewohnung in der Oberstraße 125, welche die Eheleute nach den Flitterwochen bezogen und für die Thomas Mann die Einrichtung beisteuerte, ihr gemeinsames Zuhause. Die Idylle zerbrach jedoch schnell. Erika Mann war nicht bereit, sich den Vorstellungen des beruflich wie privat außerordentlich pedantischen Gründgens zu unterwerfen und die brave Hausfrau zu spielen. Ende 1927 zog sie schließlich aus der Wohnung aus, schon seit Längerem hatte die Ehe nur noch formal bestanden. Trotz des laufenden Vertrages bei den Kammerspielen brach sie mit ihrem Bruder Klaus per Schiff zu einer mehrmonatigen Weltreise auf – ausgerechnet an Bord der »Hamburg«. Ihre kurze, aber intensive Zeit in der Theaterszene der Stadt war damit beendet. Als Schauspielerin hatte Erika Mann es geschafft, die Erfolge als Journalistin und Reiseschriftstellerin sollten erst noch folgen.

Gründerinnen

Die Grandes Dames des Wiederaufbaus

Mit der Befreiung Hamburgs durch die britischen Truppen im Mai 1945 war der Krieg für die Stadt beendet. Das Ausmaß der Katastrophe war erschütternd: Nur noch 1.110.000 Menschen lebten in der Stadt, die Einwohnerzahl war um ein Drittel gesunken, die Hälfte aller Wohnungen vollständig ausgebombt und auch der Hafen in Schutt und Asche gelegt. 9000 Hamburger Juden hatte die Nazidiktatur das Leben gekostet, nur 4000 konnten, wie Rosa Schapire und Clara Reyersbach 1939, rechtzeitig fliehen; die allerwenigsten überlebten die Zeit in der Stadt – Ida Ehre war eine von ihnen. Bei den Aufräumarbeiten packten gezwungenermaßen viele Frauen mit an, etliche der Männer waren gefallen oder in Kriegsgefangenschaft geraten. Die Lebensmittelversorgung war miserabel. Was die Menschen zugeteilt bekamen, reichte nicht aus; der Schwarzmarkthandel blühte, Zigaretten – oft aus Kippenresten selbst gedreht – wurden zum wichtigsten Zahlungsmittel. Überdies gab es so gut wie kein Heizmaterial, Steinkohletransporte waren schon geplündert, bevor sie die Stadt überhaupt erreichten.

Das Leben in Hamburg war damals hauptsächlich vom Kampf um Nahrung geprägt. Hunger hatten die Menschen aber auch nach etwas anderem – nach Information. Allein 1946 wurden von der britischen Militärregierung sechs Zeitungen lizenziert, darunter *Die Zeit* und *Die Welt;* zwei Jahre später kam das *Hamburger Abendblatt* hinzu. In den frisch gegründeten Redaktionen, zum Großteil im ausgebombten Pressehaus südlich der Mönckebergstraße untergebracht, war zur harten Zeit des Neubeginns Zusammenhalt gefragt; nicht allein gegen Hunger und Kälte, auch gegen jegliche Art von Willkür seitens der Besatzungsmacht. Die journalistische Arbeit war schwierig und die Gefahr, durch allzu kritische Berichterstattung die Pressezensoren zu reizen, ständig präsent. Erstaunlicherweise boten gerade britische Militäroffiziere den jungen Blättern häufig Schutz. *Die Zeit* etwa verdankt es maßgeblich dem Patronat des englischen Majors Michael Thomas, dass die mitunter scharfe Zensur damals oft an ihr vorbeiging. – Thomas wurde zum guten Freund Marion Dönhoffs, respektierte ihren kritischen Journalismus, ihren Kampf um Pressefreiheit, und brachte bei seinen Besuchen in der Redaktion gern Alkoholika mit: sogenannte »Sorgenbrecher«, die zur allgemeinen Besänftigung der Gemüter beitrugen.

Beim Abbau von Berührungsängsten zwischen Besatzern und Besetzten half auch Clara Reyersbach kräftig mit. Als Exilantin in London und *Hamburger Abendblatt*-Korrespondentin der ersten Stunde brachte sie seit 1948 den Lesern England nahe und trug wesentlich zur Beseitigung gegenseitiger Vor- und Fehlurteile bei. Kooperation war auch die Basis für die Wiederauferstehung des – vor der Naziherrschaft – revolutionärsten Theaters der Stadt: die Hamburger Kammerspiele. Mithilfe des britischen Offiziers John Olden schuf Ida Ehre eine neue Bühne, deren Programm zukunftsweisend war und zugleich die Auseinandersetzung mit der unmittelbaren deutschen Vergangenheit förderte. Gerade die Inszenierung der Werke englischer, französischer und amerikanischer Dramatiker weckte das Interesse der Menschen an der Kultur ihrer ehemaligen Kriegsgegner. Für eine offenere Kultur warb auch der Oetinger Verlag schon früh; erste Botschafterin war eine epochemachende Kinderbuchheldin, so unwiderstehlich wie anarchistisch, die die Kinder der Trümmerzeit zum Lachen brachte und ihren Eltern das komplette Gegenbild der Untertanenmentalität vergangener Zeiten vermittelte. »Pippi Langstrumpf« war aber erst der Anfang: Neben Astrid Lindgren verhalf Heidi Oetinger vielen weiteren Autorinnen und Autoren zum Erfolg, kümmerte sich intensiv um junge Talente und trug mit großem Einsatz dazu bei, dass Hamburg später zur Verlagsmetropole des deutschen Kinderbuchs wurde. Für Heidi Oetinger wie die anderen »Gründerinnen« in der Hansestadt gilt: Ohne ihr beträchtliches Engagement und Improvisationsvermögen im Hamburger Kulturleben der Nachkriegszeit wäre die vielfältige Medien-, Theater- und Verlagslandschaft der Stadt heute erheblich ärmer.

Clara Reyersbach

(1897 – 1972)

*»Worüber Sie auch schreiben,
sehen Sie hinter jedem Thema
die Menschen!«*

Geboren am 27. Dezember 1897 in Oldenburg/Oldenburg • 1921 Re-
dakteurin bei der *Oldenburgischen Landeszeitung* • 1927 Journalistin beim *Hamburger Fremdenblatt* • 1931 mit Ida Dehmel, Rosa
Schapire und Magdalene Schoch Gründungsmitglied des *ZONTA-
Clubs* Hamburg • 1936 Verlust der Stellung beim Hamburger Fremdenblatt wegen ihrer jüdischen Herkunft • 1939 Tod des Stiefbruders
in einem Konzentrationslager; Flucht nach London, nachdem die
Gestapo sie verhört hatte • 1947 Annahme der britischen Staats-
bürgerschaft • 1948 Beginn der 24-jährigen Tätigkeit als Leiterin der
Londoner Redaktion des *Hamburger Abendblattes* • 1963 Teilnahme
am großen *ZONTA*-Senatsempfang im Hamburger Rathaus • gestorben am 18. Januar 1972 in Puerto de la Cruz / Teneriffa, Spanien, an
einem Herzinfarkt

Unter dem Titel »Schräge Musik – Made in Hamburg« informierte das *Hamburger Abendblatt* Ende 1963 seine staunende Leserschaft über den großen Erfolg der Liverpooler Popband The Beatles und deren musikalische Wurzeln. Die »Beatlemania« begann damals gerade in London um sich zu greifen: »Die vier Jungen singen auf der Wellenlänge der Teenager, und diese Teenager liegen ihnen zu Füßen, schreien, stöhnen, fallen in Ohnmacht und wieder heraus, reagieren sich in den lärmenden Songs dieser vier Musketiere stampfend ihre Pubertätsgefühle ab oder auf [...]. Es hat hier so etwas noch niemals gegeben«, berichtet die Zeitung und zitiert nicht ohne Stolz die Reminiszenz John Lennons an Hamburg mit seinen Reeperbahn-Nachtclubs: »Hier begannen wir unsere Art von Musik zu machen.« Der Artikel über die Beatles war einer der ersten in der deutschen Presse und daneben die erste journalistische Würdigung Hamburgs als musikalischer Geburtsort der »Fabulous Four«. Geschrieben hat ihn Clara Reyersbach, die damals fast 66-jährige Leiterin des Londoner Büros der Zeitung. Seit der Gründung des *Hamburger Abendblattes* 1948 war die vielseitige Journalistin als Korrespondentin in der britischen Hauptstadt aktiv, und es mag sein, dass sie sich den vier Jungmusikern verbunden fühlte – auch ihre Karriere hatte schließlich in der Hansestadt begonnen.

Als Anfang 1931 in Hamburg nach amerikanischem Vorbild der erste *ZONTA-Club* Deutschlands gegründet wurde – heute gibt es rund 125 mit insgesamt fast 4000 Mitgliedern –, war Clara Reyersbach zusammen mit Rosa Schapire im Vorstand des Vereins; Ida Dehmel leitete den Ausschuss für Mitgliedschaft. »Zonta« entstammt dem Dialekt der Sioux-Indianer und bedeutet so viel wie Ehrenhaftigkeit, unter diesem Namen schlossen sich berufstätige Frauen zusammen, um sich auszutauschen und für ihre Rechte zu kämpfen. Die damalige Vorsitzende des Vereins, die 1937 emigrierte, erste habilitierte Juristin Deutschlands, Magdalene Schoch, erinnert sich 1965 an das eher glückliche Zustandekommen der Gründung: »Ein reiner Zufall brachte ein Mitglied des New Yorker [ZONTA-]Clubs nach Hamburg, wo sie ein paar Tage Zeit hatte, bevor ihr Schiff abfuhr. Offenbar hatte sie der Internationalen Vorsitzenden versprochen, auf ihrer Europareise die Möglichkeiten für europäische Clubs zu prüfen, und nun in letzter Minute wurde sie sehr eifrig. Sie konnte nicht deutsch sprechen, erkundigte sich aber nach der größten Hamburger Zeitung und deren Chefredakteur und kam so zu Professor Herrmann ins Fremdenblatt. Sie erklärte ihm den *ZONTA*-Gedanken und fragte ihn nach Namen von einigen führenden Frauen, die sich möglicherweise dafür interessieren könnten. So kam sie als erste zu mir, und ich berief dann ein Treffen mit einigen der Frauen auf ihrer Liste ein [...]. Clara Reyersbach, Ida Dehmel, Emmy Beckmann – die anderen vermag ich nicht mehr ins Gedächtnis zu rufen.« Der von Magdalene Schoch erwähnte Alfred Herrmann war damals Redaktionsleiter des auflagenstarken *Hamburger Fremdenblattes* und Vertrauter Clara Reyersbachs. Mitte der Zwanzigerjahre war sie aus Kiel zu Herrmann in die Redaktion der Zeitung gekommen, wo man ihre kluge Berichterstattung von Anfang an schätzte und sie insbesondere über Frauen, Mode und Film schreiben ließ. Nach der Machtübernahme

Clara Reyersbach und Axel Springer in London

der Nationalsozialisten löste sich der Hamburger *ZONTA-Club* offiziell auf – angesichts des drohenden Ausschlusses zahlreicher jüdischer Mitglieder zogen die »Zontians« es vor, sich aus dem Vereinsregister streichen zu lassen –, und Reyersbachs Arbeit beim *Hamburger Fremdenblatt* war nur noch unter erschwerten Bedingungen möglich. Dass sie als Jüdin überhaupt noch berichten konnte, dürfte wesentlich dem Einfluss Alfred Herrmanns zu verdanken gewesen sein. Ein Auszug aus seiner Personalakte, die im Hamburger Staatsarchiv liegt, verdeutlicht, wie kritisch die Zusammenarbeit beider von den Nationalsozialisten beäugt wurde: »Von Anfang der zwanziger Jahre ab Chefredakteur der *Kieler Zeitung*. Dorthin anstelle seiner rechtmäßigen Ehefrau mitgenommen als Sekretärin das jüdische Fräulein Reyersbach, dem er laut Aussagen seiner Kollegen s e h r nahe gestanden haben soll. Politisch-publizistische Betätigung in ausgesprochen marxistenfreundlichem, linksdemokratischem, antinationalem Sinn.« Noch drei Jahre schrieb Clara Reyersbach für das *Hamburger Fremdenblatt,* ehe sie 1936 schließlich, vermutlich infolge einer antisemitischen Intrige, gehen musste; immerhin konnte sie noch als freie Mitarbeiterin der englischen Nachrichtenagentur Reuters arbeiten. Weitere drei Jahre später bekam sie in ihrer Wohnung in der Heimhuder Straße im Stadtteil Rotherbaum unangenehmen Besuch: Die Gestapo kam zur Haussuchung und verhörte sie – höchste Zeit, die Flucht zu ergreifen, zumal sie erfahren musste, dass ihr Stiefbruder in einem Konzentrationslager umgekommen war. Im Mai 1939 emigrierte sie, wie kurz nach ihr auch Rosa Schapire, nach London, wo sie bis zu ihrem Tod 1972 blieb.

»Worüber Sie auch schreiben, sehen Sie hinter jedem Thema die Menschen!«, lautete der Auftrag, mit dem das neu ge-

Nr. 263 · Montag, 11. November 1963

Clara Reyersbach berichtet aus London

Schräge Musik „Made in Hamburg"

Die „Beatles": Schlager für Teenager und Königshaus

In Liverpool lagen ihnen die Teenager zu Füßen; in Londons „Royal Variety Show" schlugen Mitglieder der Königsfamilie und Spitzen der Gesellschaft zu ihren Songs den Takt. Sie nennen sich „The Beatles", und ihre Musik rockt und rollt und skiffelt britisch — aber sie ist „Made in Hamburg"; denn in der Hansestadt legten sie den Grund für Ruhm und klingende Münze.

Die Beatles sind eine Gruppe von vier jungen, hübschen, netten Liverpoolern zwischen 20 und 23. Sie singen zu drei Gitarren und einem Satz von Trommeln, die elektronisch derart verstärkt werden sind, daß man entweder stocktaub, uralt, völlig verwirrt oder tot sein müßte, wenn man sie nicht hören könnte. Die Beatles, das sind die vier Buben mit dem Ponyhaarschnitt, deren Fans tage- und nächtelang im Regen Schlange stehen, um Eintrittskarten für ihre Show zu kaufen. Die Haare der Mädchen sehen aus wie ausgefranste Champignons, deren Enden dann wie ein Fell über Ohren und Kragen hängen. Aber die Mädchen fliegen auf ihre Frisur. Die vier Jungen singen und spielen auf der Wellenlänge der Teenager, und diese Teenager liegen ihnen zu Füßen, schreien, stöhnen, fallen in Ohnmacht und wieder heraus, reagieren sich in den lärmenden Songs dieser vier Musketiere stampfend ihre Pubertätsgefühle ab oder auf. 2 500 000 Beatles-Platten werden täglich von Millionen von Teenagern gespielt. Die Beatles verdienen pro Woche heute 22 000 Mark. Er hat hier so etwas noch niemals gegeben. Liverpool ist stolz auf seine

Stellvertreter für eine englische Gruppe, die den Trip nicht machen konnte. Die Beatles blieben vier Monate lang in Hamburg, spielten in verschiedenen Bars und Jazz-Kellern, hatten täglich acht Stunden lang zu arbeiten und stellten fest, daß ihr Repertoire zu klein war. Und so fingen sie an zu improvisieren, suchten nach alten Schlagern und machten irrsinnigen Radau, um den Mangel ihres Repertoires zu übertönen. Aber sie fanden, daß dem deutschen Publikum der Lärm und der Ulk, den sie verzapften, am besten gefiel. Hier in Hamburg begannen sie, sich ihre eigenen Songs zu schreiben. „Hier", sagt John, „begannen wir unsere Art von Musik zu machen." Jene Musik, die sie berühmt machte und ihnen Vermögen einbrachte.

Sie brachten noch etwas anderes aus Hamburg mit: die Lederjacken, in denen sie auftreten. Sie legen Wert auf ihre Anzüge, tragen alle gleiche Hemden, Hosen, den gleichen Haarschnitt und die gleichen Schlipse. Sie traten in einem halbdunklen Kellerlokal in Liverpool auf und spielten dort weder verrückt. Mit Lachen und spontanen

Sensation der letzten Royal Variety Show: Die „Beatles"

Beatles, und jetzt hat die Nation sie in ihr Herz geschlossen. Ein Polizeiaufgebot schützt sie bei jedem ihrer Auftritte vor schreienden, hysterischen Mädchen und Kindern, die zu Tausenden stundenlang warten, sich drängen, sich in die Haare geraten, um alle wenigstens anzukommen und abzulangen zu sehen oder Autogramme zu bekommen.

Die Beatles — John (23), Paul (21), George (20), die drei Gitarrespieler, und Ringo (23), der Trommler — waren eine völlig unbekannte Skiffle-Gruppe, als sie durch Zufall ein Engagement nach Hamburg bekamen. Sie fuhren als

Gags, mit Tempo und enormem Getöse eroberten sie das Königreich. Sie waren eine Woche lang die Sensation der Londoner Royal Variety Show, sangen und tanzten vor einem Publikum mit Nerz und Juwelen, spielten vor der Königinmutter Elizabeth, vor Prinzessin Margaret und ihrem Mann Lord Snowdon in der Hofloge. Und hier zeigte sich, daß die Beatles nicht nur das Ohr der Teenager finden: Die Intelligenz, die Erwachsenen, die mittelalterlichen Ehemänner und Snobs brachten ihnen Ovationen und schlugen zu ihren Songs mit den Füßen den Takt.

gründete *Hamburger Abendblatt* Clara Reyersbach 1948 als Leiterin des Londoner Büros bedachte. Diesen Leitsatz hat sie nicht nur oft zitiert, wenn jüngere Kollegen sie um Rat baten, sie hat ihn vor allem auch erfolgreich umgesetzt. Mit großem journalistischem Elan stürzte sich Clara Reyersbach, nachdem sie seit Kriegsende in London beschäftigungslos gewesen war, in die Arbeit. Das Spektrum ihrer Berichterstattung war breit: Neuigkeiten von der Royal Family oder der Mode-, Film- und Musikindustrie gehörten ebenso dazu wie Reportagen aus den britischen Parlamentshäusern oder den Liverpooler Hafenslums. Auch dem *ZONTA-Gedanken* blieb sie treu. Nachdem sich der Hamburger Verein unter dem Vorsitz Harriet Wege-

Hamburger Abendblatt, 11. November 1963:
Clara Reyersbach berichtet aus London über die Beatles

ners in den Fünfzigerjahren neu konstituiert hatte, marschierte Clara Reyersbach beim aufsehenerregenden *ZONTA*-Senatsempfang 1963 im Hamburger Rathaus in vorderster Reihe. Für das *Hamburger Abendblatt* berichtete sie aus London regelmäßig über die neusten *ZONTA*-Aktivitäten – wie immer sehr gewitzt und mit brillanter Feder.

Clara Reyersbachs hohe Qualitäten als Berichterstatterin – die sich trotz ihres ausgeprägten Sinns für britische Traditionen gerade in ihrem feinen Gespür für alles Moderne zeigten – schätzte nicht zuletzt ihr Chef, der *Abendblatt*-Verleger Axel Springer, sehr, der sie auch in England besuchte. Fast 25 Jahre leitete sie seine Londoner Redaktion und hätte es wahrscheinlich auch noch länger getan, wäre sie nicht im Alter von 75 Jahren auf Teneriffa an einem Herzinfarkt gestorben. Das *Hamburger Abendblatt* würdigte sie in einem Nachruf als »exzellente, allem Menschlichen aufgeschlossene Journalistin«. – Das war beileibe keine Phrase, wie exemplarisch einer ihrer Artikel zur damals hitzigen Debatte um die »künstliche Befruchtung«, um *Artificial Insemination by Donor,* verdeutlichen mag: Unter dem Titel »Kinder anonymer Väter« ergreift sie 1958 in bewusst sachlichem Ton Partei für alle Frauen und Eltern, die sich auf diese Weise ihren Nachwuchswunsch erfüllen wollten, und wendet sich gegen die Vorwürfe, solche Kinder seien das »illegitime« Resultat eines ärztlich kontrollierten Ehebruchs: »Aus der Debatte im Oberhaus«, beschließt Clara Reyersbach ihren Artikel, »ging klar hervor, daß künstliche Befruchtung heute ein anerkannter Zweig der medizinischen Wissenschaft geworden ist. Der Erzbischof von Canterbury, der sechs Söhne hat, möchte diese Art der Zeugung gesetzlich verboten wissen. Und Lord Pakenham, einst Deutschlandminister der Labour-Partei, erklärte: ›Wir müssen diese Ausgeburt des Teufels mit Abscheu ausrotten‹. Lord Pakenham ist katholisch und hat vier Söhne und vier Töchter.«

Ida Ehre

(1900 – 1989)

»Draußen vor der Tür‹ war ein Stück, das kommen
mußte. Es war ein Stück, das meinen Grundsätzen
folgte: Ich hatte das Gefühl, etwas tun zu müssen, was
den Menschen die Schläfrigkeit aus den Augen nimmt,
die Müdigkeit aus den Herzen treibt.«

Über Wolfgang Borcherts Kriegsheimkehrer-Stück, das 1947
an den Hamburger Kammerspielen uraufgeführt wurde

Geboren am 9. Juli 1900 in Prerau/Mähren • 1918 Debüt als Schauspielerin • 1928 Hochzeit mit Bernhard Heyde; Geburt der Tochter •
1933 Berufsverbot • 1939 von Hamburg aus Einschiffung nach Süd-
amerika, das Schiff wird nach Kriegsausbruch vor den Azoren zur
Umkehr gezwungen; Ida Ehre taucht in Hamburg unter • 1943 Verhaftung aufgrund einer Denunziation • 1945 nach Kriegsende Leiterin der Hamburger Kammerspiele auf Vermittlung des britischen
Theateroffiziers John Olden • 1947 Premiere von Wolfgang Borcherts
Stück »Draußen vor der Tür« • Mitte der 1960er Jahre Beginn der
langjährigen Freundschaft mit Loki und Helmut Schmidt • 1978
Tod des Ehemannes • 1983 Empfang des Großen Bundesverdienstkreuzes • 1985 als erste Frau Ehrenbürgerin der Freien und Hansestadt Hamburg • seit 1983 Engagement in der Friedensbewegung •
gestorben am 16. Februar 1989 in Hamburg

Sag Nein!« – Die Botschaft, die Ida Ehre den Zuhörern im rappelvollen St.-Pauli-Stadion zu fortgeschrittener Stunde unter Flutlicht zurief, war unmissverständlich und der Auftritt der 83-Jährigen sehr bewegend. Das atomare Wettrüsten zwischen Ostblock- und NATO-Staaten war in vollem Gange und strebte mit der Stationierung amerikanischer Pershing-II-Mittelstreckenraketen auf bundesdeutschem Boden einem neuen Höhepunkt entgegen. Die Friedensbewegung bereitete der Bonner Regierung damals einen »Heißen Herbst«, der Rückhalt in der Bevölkerung war enorm, und viele Prominente solidarisierten sich. Zigtausende Menschen waren am 3. und 4. September 1983 allein in Hamburg zur Kundgebung »Künstler für den Frieden« zusammengekommen. Die Musiker Joan Baez und Harry Belafonte gaben umjubelte Konzerte, doch den größten Eindruck – davon zeugt die Hamburger Presse der folgenden Tage – hinterließ Ida Ehre mit dem Vortrag eines Textes des Hamburger Dichters Wolfgang Borchert: »Dann gibt es nur eins: Sag NEIN!«

Nicht von ungefähr wählte die Leiterin der Hamburger Kammerspiele gerade ein Werk Borcherts für die große Friedenskundgebung. Untrennbar ist sein Name mit der Kammerspiele verbunden. Die glänzend besetzte Uraufführung seines Stückes »Draußen vor der Tür« Ende 1947 begründete den Ruhm Ida Ehres als Intendantin und den Ruf Hamburgs als eine der innovativsten deutschen Bühnenstädte. Dabei hatte sich die Hansestadt seiner prominenten Theaterfrau gegenüber zunächst von einer sehr hässlichen

Seite gezeigt: In ständiger Angst vor der drohenden Inhaftierung, geschützt und versteckt von mutigen Freunden, hatte Ida Ehre seit 1939 die erste Zeit in Hamburg verbracht. Im August des Jahres war sie mit ihrem Mann, dem Arzt Bernhard Heyde, und ihrer Tochter Ruth aus dem württembergischen Böblingen geflohen. Zunächst lief alles gut, sie schifften sich auf einem Dampfer der Hamburg-Südamerika-Linie ein. Ihre Karriere als Schauspielerin hatte Ida Ehre bereits sechs Jahre zuvor aufgeben müssen, da sie als Jüdin von den Nationalsozialisten mit Berufsverbot belegt worden war. Mit dem Novemberpogrom 1938 konnte auch ihr Mann, der trotz erheblichen Drucks von außen die Scheidung von seiner Ehefrau stets verweigerte, seine Arztpraxis nicht mehr halten. An Bord des Schiffes, mit einem chilenischen Visum in der Tasche, sahen sie jetzt endlich wieder besseren Zeiten entgegen. Doch der Kriegsausbruch machte in letzter Minute alle Pläne zunichte: Ihr Schiff wurde vor den Azoren angehalten und nach einer Woche angsterfüllten Wartens und zähen Verhandlungen schließlich zurückgeschickt. »1939, nach Kriegsbeginn«, schreibt Ida Ehre, »wurde ich in Hamburg im wahrsten Sinne des Wortes an Land gespült.« Notgedrungen tauchte sie mit ihrer Familie in der Hansestadt unter, immer in der Gefahr, entdeckt zu werden. In einem Haus in Uhlenhorst bot ihnen eine couragierte Nazigegnerin eine Wohnung an, und bis zum Juni 1943 blieben sie unbehelligt – dann wurde Ida Ehre denunziert, gefangen genommen und ins Konzentrationslager Fuhlsbüttel überführt. Allein der Intervention ihres Mannes, einem ehemaligen Mitschüler des Gestapo-Chefs Heinrich Himmler, war es zu verdanken, dass sie nach ein paar Wochen wieder freigelassen wurde. Im Februar 1945 bekam Ida Ehre schließlich den

Befehl, sich in der Talmud-Tora-Schule am Grindelhof ein-
zufinden. – Ihm nachzukommen hätte für sie die Deporta-
tion nach Theresienstadt bedeutet; glücklicherweise tat sie
es nicht. Bis zum Selbstmord Hitlers und der Kapitulation
Deutschlands versteckte sie sich bei der Schauspielerin Mari-
anne Wischmann in der Hansastraße, nur ein paar Häuser-
blocks entfernt vom späteren Standort ihres Theaters.

Endlich konnte sie wieder auftreten! Schon wenige Monate nach Kriegsende spielte Ida Ehre in einer umjubelten
»Jedermann«-Inszenierung in der Eppendorfer Johanniskir-
che mit. Und als John Olden, der Theateroffizier der britischen
Militärregierung und spätere Ehemann der Hamburger
Volksschauspielerin Inge Meysel, ihr die Leitung der neu
gegründeten Hamburger Kammerspiele übertrug, war das
der Startschuss für die Verwirklichung ihres Lebenswerks. In
der Hartungstraße im jüdischen Viertel am Grindel richtete

Ida Ehre, Hamburger Kammerspiele, 1970

sie das neue Theater ein, in einem schönen klassizistischen Gebäude, das bis 1941 Sitz des *Jüdischen Kulturbundes* gewesen war. Zusammen mit Olden hatte Ida Ehre den damaligen Hamburger Bürgermeister Max Brauer so lange bearbeitet, bis die Stadt das Haus schließlich kaufte und es den Kammerspielen als Quartier zur Verfügung stellte. Von Anfang an ließ sie vornehmlich Werke, die unter der Nazidiktatur verboten waren, und viele Stücke junger zeitgenössischer Autoren aufführen: Neben Borchert – der sein Hörspiel »Draußen vor der Tür« für Ida Ehre noch kurz vor seinem Tod 1947 zur Bühnenfassung umgearbeitet hatte – sind Arthur Miller, Thornton Wilder, Tennessee Williams, Jean Anouilh, Jean-Paul Sartre, Max Frisch und Friedrich Dürrenmatt die bekanntesten unter ihnen. Die Kammerspiele waren im ersten Jahrzehnt nach dem Krieg die fortschrittlichste Bühne der Stadt und prägten das Nachkriegstheater weit über Hamburgs Grenzen

Ida Ehre, Loki und Helmut Schmidt, 1976

hinaus. Häufig führte Ida Ehre selbst Regie und übernahm Rollen; legendär ist ihre schauspielerische Leistung in den Stücken Bertolt Brechts, der sie die Bezeichnung »Mutter Courage des Theaters« verdankt.

Bis zu ihrem 88. Lebensjahr stand Ida Ehre auf der Bühne: als Mrs. Wilberforce im Stück »Ladykillers« von William Rose. Schon Jahre zuvor waren die Hamburger Kammerspiele als Privattheater, wie viele andere Bühnen auch, zunehmend in wirtschaftliche Schieflage geraten. Dank der Hilfe des Kaufmanns und Mäzens Kurt A. Körber, der einen finanzkräftigen »Freundeskreis« gründete, und vor allem durch das Engagement des Hamburger Altbundeskanzlers Helmut Schmidt überstand das renommierte Theater die schweren Zeiten. Schon seit den Sechzigerjahren verband Ida Ehre und Helmut Schmidt eine innige Freundschaft. »Wer sie kannte, der mußte sie verehren«, schreibt er in seinem Memoirenwerk »Weggefährten«. Für Schmidt war es ihr Verdienst, den Menschen in Deutschland als »Nichtpolitikerin« geholfen zu haben »zu begreifen, was im Namen Deutschlands geschehen und was durch Deutsche verbrochen worden war«.

Nimmermüde war Ida Ehre in ihren letzten Lebensjahren als Botschafterin für Frieden und Versöhnung unterwegs. 1983 erhielt sie das Bundesverdienstkreuz, zwei Jahre später als erste Frau die Ehrenbürgerschaft der Freien und Hansestadt Hamburg. Unvergessen bleibt ihr letzter öffentlicher Auftritt 1988 im Bundestag anlässlich der Gedenkfeier zum 50. Jahrestag der Pogromnacht von 1938: Die Hände vors Gesicht geschlagen, folgt sie dem misslungenen Vortrag Philipp Jenningers, des Bundestagspräsidenten, der sich an diesem Tag um Kopf und Kragen redete und schon am folgenden Tag sein Amt niederlegen musste. Ihre Bescheidenheit und den ihr eigenen Humor behält sie bis zum Schluss; der letzte Brief an Helmut Schmidt, den Ida Ehre 1988 kurz vor ihrem Tod schrieb, belegt dies: »Lieber Helmut Schmidt, mein Traumbruder! Mein mir gewünschter und erträumter Bruder. Was wären wir für ein Geschwisterpaar – so wähle ich das vertraute Du. Und schon fange ich an zu nörgeln. Wo kommen wir denn hin bei diesem Schnupftabakverbrauch, diese arme Nase. Bruder und Schwester, wie herrlich könnten wir miteinander lachen, aber auch ernste Gespräche führen und Haudegendiskussionen haben. Mein Gott, wie viel könnte ich von Dir lernen – denn ich gebe es unumwunden zu, Du bist leider der Klügere. Ich bin sehr stolz auf Deinen Werdegang. Noch sehe ich Dich und Loki vor mir – gleich nach dem Krieg, mager und blaß in einer langen Schlange für Karten anstehen, bei den Hamburger Kammerspielen. Und dann, wie steil ging Dein Weg aufwärts, aber auch wie verdient.«

Marion Dönhoff

(1909 – 2002)

»Wenn Carl Schmitt jemals in der ›Zeit‹ schreibt,
bin ich nicht länger da.«

Anfang der Fünfzigerjahre über den wegen seiner
NS-Vergangenheit umstrittenen Staatsrechtler und Philosophen

Geboren am 2. Dezember 1909 auf Schloss Friedrichstein in Ostpreußen • 1924 Verwicklung in einen Autounfall, bei dem zwei Men-
schen ertranken • 1930 Reise nach Südafrika • 1935 Promotion im
Fach Volkswirtschaft in Basel • 1945 Flucht aus Ostpreußen auf dem
Rücken ihres Fuchswallachs • 1946 Übersiedlung nach Hamburg,
Eintritt in die Redaktion der *Zeit* • 1954 Kündigung bei der *Zeit*
nach politischen Auseinandersetzungen mit Richard Tüngel, Arbeit
für den *Observer* in London • 1955 Rückkehr zur *Zeit* auf Betreiben
Gerd Bucerius' • 1962 während der *Spiegel*-Affäre Parteinahme für
Richard Augstein und gegen Konrad Adenauer, der fortan Dönhoffs
»Lieblingsgegner« ist; »Namen, die keiner mehr nennt« erscheint •
seit 1966 Unterstützung der Außen- und Entspannungspolitik Willy
Brandts • 1968 Chefredakteurin • 1971 Friedenspreis des deutschen
Buchhandels • 1973 Herausgeberin der *Zeit* • 1999 Ehrenbürgerin
der Freien und Hansestadt Hamburg • gestorben am 11. März 2002
auf Schloss Crottorf im Siegerland

Das stattliche fünfstöckige Pressehaus am Speersort, in das 1946 die Redaktion der neu gegründeten *Zeit* einzog, war nur noch eine Ruine. Die Handvoll Journalisten, die sich dort im Dachgeschoss einquartiert hatte, arbeitete unter widrigsten Bedingungen: zwischen Trümmern in ungeheizten Räumen, mit Notbeleuchtung und einem Maskottchen, auf das die meisten von ihnen gern verzichtet hätten – einer zutraulichen Ratte. Vier kluge Köpfe hatten sich ein paar Monate zuvor zusammengetan und bei den Alliierten die Lizenz für die neue Zeitung beantragt – vier Männer, die unter der Naziherrschaft kein Parteibuch besaßen. Neben dem Verlagskaufmann Ewald Schmidt di Simoni, dem Architekten Richard Tüngel und dem Rechtsanwalt Gerd Bucerius, der die Zeitung später alleinverantwortlich übernahm, war auch der ehemalige Chefredakteur der *Woche* mit von der Partie: Lovis Hans Lorenz, jener Journalist, der als junger Bohemien in den Zwanzigerjahren schon den Tanzauftritten Lavinia Schulz' beigewohnt hatte und sich nun um das Feuilleton der Zeitung kümmern sollte. Auf der Suche nach Verstärkung bekam das Gründerquartett ein kritisches »Memorandum« zugespielt, das die Alliiertenpolitik der »Umerziehung« partiell hinterfragte. Adressiert war es an die britische Militärregierung, verfasst von einer adligen Volkswirtin aus Ostpreußen. Die Briten waren wenig amüsiert und reagierten nicht, umso begeisterter aber fiel die Aufnahme bei den *Zeit*-Verantwortlichen aus, die der Verfasserin umgehend telegrafierten, sie möge doch nach Hamburg kommen und bei ihnen anfangen.

Aus dem westfälischen Brunkensen machte sich Marion Dönhoff, die Autorin des Schriftstücks, auf den Weg. Im offenen Kohlewagen und auf Bauernfuhrwerken, teilweise auch zu Fuß, legte sie die Strecke nach Hamburg zurück. Im Presse-Haus am Speersort angekommen, irrte sie sich in der Etage und landete in der Gründungsredaktion der *Welt,* die im selben Gebäude untergebracht war. Auch die *Welt* hätte die »Gräfin«, wie sie bald von allen genannt wurde, mit Kusshand eingestellt und bedauerte, dass ihr Besuch nur auf einem Versehen beruhte. Für 600 Mark Anfangsgehalt fing sie schließlich – ein Stockwerk höher – bei der *Zeit* an. Als Journalistin war Marion Dönhoff bis dahin ein unbeschriebenes Blatt, doch ihre beachtliche Vita und die glänzenden Beziehungen, die sie als Sprössling eines preußischen Adelsgeschlechts besaß, prädestinierten sie für die neue Arbeit: »Sie beherrschte die westlichen Sprachen, sie bewegte sich wie selbstverständlich in einem internationalen Netz von Beziehungen zu wichtigen Leuten aus Diplomatie und Presse, Universität und Kirche, auch zu Bankiers, Kaufleuten, Militärs, Künstlern. Beziehungen, die sich für die *Zeit* würden nutzen lassen«, erkannten die Gründer der Zeitung sehr schnell.

Mit Mitte dreißig reichte der Erfahrungsschatz Marion Dönhoffs, wie sie selbst manchmal sagte, bereits für ein ganzes Leben. Nach einem Autounfall in jungen Jahren, bei dem sie um ein Haar ertrunken wäre, nach ausgedehnten Reisen durch die Vereinigten Staaten und durch Afrika, wo sie unter anderem – zum Erstaunen der einheimischen Massai-Jäger – einen Leoparden erlegt hatte, ging sie 1933 zur Promotion in

Marion Dönhoff mit Werner E. Stichnote
anlässlich der Verleihung des Friedenspreises des
Deutschen Buchhandels an sie in der
Paulskirche in Frankfurt am Main, 1971

die Schweiz. Zuvor war sie als junge Studentin in Frankfurt durch das Verteilen linker Flugblätter und das Entfernen antisemitischer Hetzplakate aufgefallen, was ihr schließlich die Bezeichnung »rote Gräfin« eintrug. Mit den Mitgliedern der bürgerlich-zivilen Widerstandsgruppe des *Kreisauer Kreises* war Marion Dönhoff eng befreundet und leistete Botengänge; nur knapp entging sie einer Verhaftung durch die Gestapo. Während der letzten Kriegsmonate war sie auf dem Rücken ihres Fuchswallachs Alarich aus Ostpreußen vor den russischen Truppen nach Westfalen geflohen. Sieben Wochen dauerte der Ritt, von dem ihr heute bekanntestes Buch »Namen, die keiner mehr nennt« handelt. – Eine echte Kämpfernatur war die zierliche Frau, die 1946 in Hamburg zu schreiben begann und im Laufe der folgenden Jahrzehnte zur bedeutendsten Publizistin der Stadt werden sollte.

Für den Anfang bezog Marion Dönhoff ein kleines, ebenerdiges Zimmer im Haus des Hamburger CDU-Abgeordneten Erik Blumenfeld in der Warburgstraße nahe der Außenalster. Später folgte der Umzug ins »verwunschene Haus« am Blankeneser Pumpenkamp, das Gerd Bucerius gehörte und ihr später übereignet wurde. Dabei wäre das Engagement Marion Dönhoffs bei der *Zeit* beinahe frühzeitig beendet gewesen. Mitte 1954 verließ sie als Leiterin des politischen Ressorts infolge eines Streits mit ihrem Chefredakteur Richard Tüngel die Zeitung vorübergehend. Dieser hatte während ihres Urlaubs einen groß aufgemachten Artikel Carl Schmitts mit dem Titel *Im Vorraum der Macht* drucken lassen. Schmitt war als Staatsrechtler mit NS-Vergangenheit – als jemand, der vor 1945, so Marion Dönhoff, »den Geist des Nationalsozialismus gepredigt« und »die Sprachregelung der Presse gelenkt hat« – für die »Gräfin« untragbar. Sie kündigte postwendend, und auch das von Tüngel in Aussicht gestellte Angebot einer Korrespondentenstelle in London schlug sie entschieden aus: »Wenn ich nicht in Hamburg für die *Zeit* schreibe, tue ich es auch nicht in London.« An die Themse ging sie trotzdem und arbeitete dort für den *Observer*. Aber nur ein Jahr später holte Gerd Bucerius sie, nachdem er sich von Tüngel getrennt hatte, zurück und machte sie zur Politikchefin. – Damit bewies Bucerius äußerste Weitsicht: Zunächst als Ressortleiterin, ab 1968 als Chefredakteurin prägte Marion Dönhoff in den folgenden Jahren das liberale Image der *Zeit* wie niemand vor ihr; 1973 wurde sie Herausgeberin, die Auflagenhöhe verzehnfachte sich unter ihrer Leitung nahezu. Symptomatisch für den kompromisslosen Einsatz, wenn es um die Verteidigung demokratischer Prinzipien und freiheitlichen Denkens ging, war ihre Parteinahme für Rudolf Augstein nach dessen Verhaftung 1962 im Zuge der sogenannten *Spiegel*-Affäre: Als Konrad Adenauer die ebenfalls im Presse-Haus am Speersort untergebrachte, »landesverräterische« Redaktion Augsteins durchsuchen ließ, attackierte Marion Dönhoff den Bundeskanzler aufs Schärfste und bot dem *Spiegel* – damals wie heute der große Konkurrent der *Zeit* – Räumlichkeiten zum Weiterbetrieb des Magazins an; spätestens jetzt war Adenauer zum Lieblingsgegner Marion Dönhoffs geworden.

Auch die versöhnliche Ostpolitik, die sie bereits seit Beginn der Sechzigerjahre vertrat, brachte ihr über Jahrzehnte viele Anfeindungen aus konservativen Reihen. Eine Einladung Willy Brandts, zusammen mit Günter Grass, Henri Nannen und Siegfried Lenz nach Polen zur Unterzeichnung des Warschauer Vertrags zu reisen, lehnte sie nach langer Überlegung allerdings ab. So richtig ihr die Anerkennung der Oder-Neiße-Grenze auch erschien, dem Staatsakt zur Aufgabe ihrer Hei-

mat wollte sie dennoch nicht beiwohnen. »Die Frau«, schreibt
Dönhoff-Biografin Alice Schwarzer dazu später, »die [...] so
heftig für ihre kompromißbereite Ostpolitik angegriffen werden wird, ist gleichzeitig eine der wenigen nicht rachsüchtigen
Deutschen, die neben der deutschen Schuld auch den deutschen Schmerz benennen.« 1971 erhielt Marion Dönhoff für
ihr Bemühen um Versöhnung den Friedenspreis des Deutschen Buchhandels; Willy Brandt bescheinigte ihr eine
zentrale Rolle bei der publizistischen Vermittlung seiner Ostpolitik, und Helmut Schmidt hätte sie gern als Bundesprä-
sidentin gehabt. – Große Wertschätzung von höchster Seite!
Da wollte irgendwann auch ihre Heimatstadt nicht länger
zurückstehen: Fast 90 Jahre war Marion Dönhoff alt, als der

Willy Brandt besucht das neu gegründete
ASPEN-Institut in Berlin. In der Mitte:
Willy Brandt und Marion Dönhoff, 10. November 1974

damalige Bürgermeister Ortwin Runde sie wegen ihrer Verdienste um die Medienmetropole Hamburg zur Ehrenbürgerin ernannte. Nach wie vor war sie für die *Zeit* aktiv und blieb bis zum Schluss deren Herausgeberin – noch immer rauschte sie in ihrem Porsche über die Elbchaussee zu den Konferenzen am Speersort. 2002 starb sie zweiundneunzigjährig. Bei der offiziellen Trauerfeier war der Hamburger Michel bis auf die letzte Bank gefüllt. Als Laudator war neben Bundespräsident Johannes Rau auch Rundes Nachfolger, Hamburgs Bürgermeister Ole von Beust, angetreten. – Marion Dönhoff, meinte von Beust, sei ein Glücksfall für Hamburg gewesen: »Sie hat unser Land, sie hat diesen Kontinent mitgestaltet. Und sie hat Hamburg aufs Beste repräsentiert.«

Heidi Oetinger

(1908 – 2009)

»Wer liest, der hat immer mehrere Leben, nämlich in Büchern.«

Geboren am 19. November 1908 in Mecklenburg • 1939 Hochzeit mit Alfred von Hacht • 1941 Geburt der Tochter Silke • 1943 Tod Alfred von Hachts; nach der Ausbombung Flucht aus Hamburg • 1948 Aufnahme ihrer Arbeit im Oetinger Verlag • 1950 erste Begegnung mit Astrid Lindgren • 1952 Hochzeit mit Friedrich Oetinger • 1954 erste Begegnung mit James Krüss • 1971 Übernahme des Dressler Verlags, der die Bücher Erich Kästners verlegt • 1973 Ausscheiden Friedrich Oetingers aus dem Verlag • Mitte der 1980er Jahre Rückzug aus der aktiven Geschäftsleitung • 1988 Ernennung zum »Ritter Erster Klasse des Königlich Schwedischen Nordsternordens«; Ehrung durch die Senator-Biermann-Ratjen-Medaille der Freien und Hansestadt Hamburg • 2009 Empfang des Bundesverdienstkreuzes Erster Klasse für ihr Lebenswerk • gestorben am 5. Oktober 2009 in Hamburg-Duvenstedt.

Heidi, liebste Schwester! Ich weiß noch, als ich Dich zum ersten mal gesehen habe. Das ist nun schon lange her, es war wohl 1950 oder um diese Zeit herum. Ich war mit dem Auto unterwegs nach Paris und machte in Hamburg nur kurz Station, um mir von meinem deutschen Verlag ein bißchen Pippi Langstrumpf-Geld abzuholen. Damals befand sich der Verlag Friedrich Oetinger mitten in der Stadt im Pressehaus. Da ich sehr in Eile war, hatte ich darum gebeten, daß jemand vom Verlag herunterkommen und mir das Geld auf der Straße aushändigen möge. Und dort auf dem Bürgersteig stand ein zierliches, schwarzhaariges und dunkeläugiges, sehr reizendes Mädchen, die Hände voller D-Mark. Dieses Mädchen warst Du, Heidi.« In einem offenen Cabriolet fuhr Astrid Lindgren damals beim Oetinger Verlag am Speersort vor und war nach ein paar Minuten auch schon wieder davongejagt. »Ich war etwas enttäuscht«, erinnert sich Heidi Oetinger später, »da die Begegnung so kurz gedauert hatte, aber ich hatte Astrid Lindgren sofort in mein Herz geschlossen.« – Schon das erste Treffen der Verlegerin mit ihrer schwedischen Kinderbuchautorin war für beide ein Schlüsselerlebnis. Die intensive Freundschaft, die sich darauf entwickelte und über ein halbes Jahrhundert bis zum Tod Lindgrens im Jahr 2002 dauern sollte, ließ Geschäftliches mehr und mehr in den Hintergrund rücken. Dabei war »Pippi Langstrumpf« für den Verlag damals ein wirtschaftlicher Glücksgriff, mit der rothaarigen Rebellin begann der Aufstieg. Und auch Astrid Lindgren profitierte enorm von der Verbindung: Ohne den außergewöhnlichen Erfolg in Deutschland – ohne das große Engagement ihrer Hamburger Verlegerin – wäre der globale Triumphzug von Pippi, Michel, Karlsson und Co. nicht möglich gewesen.

Am Anfang war allerdings noch vollkommen offen, welchen Weg der Oetinger Verlag einschlagen würde. Als Buchhändler und Antiquar hatte Friedrich Oetinger im Zweiten Weltkrieg die Leitung des Heinrich Ellermann Verlags übernommen – ein literarischer Verlag, der es gewagt hatte, unter der Naziherrschaft die Lyrik verbotener Dichter zu drucken. Nach 1945 lag Hamburg in Trümmern, die Ausgabe von Papier war strikt rationiert, und Veröffentlichungen unterlagen einer strengen Kontrolle der britischen Besatzungsmacht. Die begehrten Verlagslizenzen waren unter der »Re-Education« der Alliierten nur sehr schwer zu bekommen, aber Friedrich Oetinger erhielt eine – die frühere Tätigkeit bei Ellermann erwies sich als vorteilhaft. Zunächst verlegte er wirtschafts- und sozialpolitische Titel, was sich aber bald als unrentabel erwies. Hohe Schulden drückten den Verlag und machten eine Änderung des Programms notwendig. Auf Anregung seines Freundes Kurt Heinig, der als Sozialdemokrat 1940 nach Schweden emigriert war, bemühte sich Friedrich Oetinger bei Astrid Lindgren um die »Pippi Langstrumpf«-Rechte – fünf deutsche Verlage hatten das Buch vorher abgelehnt, da ihnen die Hauptfigur zu aufsässig erschien. »Als er mit der Option für ›Pippi Langstrumpf‹ nach Hause kam«, schreibt Heidi Oetinger fünfzig Jahre danach, »ahnte er sicher nicht, was das für ihn, für mich, für unseren Verlag und für die Entwicklung der deutschen Kinderliteratur bedeutete.«

Ein Jahr bevor »Pippi Langstrumpf« 1949 auf dem deutschen Buchmarkt Premiere feierte, hatte Heidi Oetinger –

Liebe Heidi,

Du hast mir die schönsten Rosen geschickt, und ich wollte Dir nur VIELEN VIELEN DANK sagen und alles alles gute und liebe.

Dankesgruß von Astrid Lindgren an Heidi Oetinger

damals hieß sie noch Heidi von Hacht – im Verlag als Sekretärin angefangen. Dass ihr die Verbreitung der Abenteuer des unabhängigen, eigenwilligen Rotschopfs sogleich zum Herzensprojekt wurde, erklärt sich ein Stück weit aus ihrer eigenen Biografie. Ihre Mutter, die Mecklenburgerin Erna Oberlader, geborene Warkentin, tanzte leidenschaftlich gern, hochschwanger wirbelte sie noch auf ihrer Hochzeit über das Parkett – vier Tage später kam Töchterchen Heidi zur Welt; sie habe das Kind »losgetanzt«, erzählte die Mutter später immer wieder gern. Das Interesse an Literatur war bei Heidi Oetinger schon seit ihrer Grundschulzeit vorhanden. Geweckt wurde es von einer engagierten Lehrerin, die durch ihre politische und literarische Aufgeschlossenheit zu den seltenen Ausnahmen im engstirnigen Erziehungswesen des deutschen Kaiserreichs gehörte. Durch ihren Einfluss wurden, so Heidi Oetinger, »die Anfänge zu meinem Verlegerberuf gelegt«; zunächst allerdings arbeitete die ausgebildete Anwaltsgehilfin als Chefsekretärin bei einem Hamburger Schifffahrtsjuristen. Neben der Literatur war das Klettern ihre große Passion, sie war Mitglied – und Ehrennadelträgerin – im *Deutschen Alpenverein,* wo sie auch ihren ersten Mann, den Kaufmann Alfred von Hacht, kennenlernte. Nach der Hochzeit 1939 zogen beide in eine Wohnung nach Hamm, doch schon vier Jahre später, nur zwei Jahre nach der Geburt der gemeinsamen Tochter Silke, fiel von Hacht im Krieg. Als kurz darauf der Bombenhagel auf Hamburg niederging, verließ Heidi Oetinger die Stadt. Sämtliche Habseligkeiten im Kinderwagen verstaut – die zweijährige Silke lief nebenher –, floh sie zunächst zu Verwandten nach Innsbruck, später ins mecklenburgische Bad Doberan.

Bei ihrer Rückkehr in das ausgebombte Hamburg waren

die Voraussetzungen für die verwitwete, alleinstehende Mutter denkbar ungünstig, als sie beim frisch gegründeten Verlag am Speersort vorsprach. Beeindruckt von ihrer Selbstständigkeit und Entschlossenheit, stellte Friedrich Oetinger sie aber gleich ein. Schnell wurde ihm die neue Sekretärin unentbehrlich – in mehrfacher Hinsicht: »Er hat mir alles von der Pike auf beigebracht, von der Herstellung bis zu den Finanzen, und irgendwann hab ich mich in ihn verliebt und er sich in mich. Er war ein hübscher Mann mit braunen Locken, er hatte Humor und viel Fantasie.« 1952 heirateten Heidi und Friedrich Oetinger, die Ehe bestand achtundzwanzig Jahre. Die Verlagsgeschäfte übernahm sie bald allein, nachdem ihr Mann sich in den Sechzigerjahren immer weiter zurückgezogen hatte und 1973 schließlich ganz aus dem Betrieb ausschied. Vom Presse-Haus – in dem der Verlag direkt neben dem Grafikbüro von »Pippi Langstrumpf«-Illustrator Walter Scharnweber untergebracht war – zog man zunächst nach Wellingsbüttel, 1960 dann in ein schönes Anwesen nach Duvenstedt am Oberlauf der Alster. »Schätze aus der Apfelscheune«, titelte das *Hamburger Abendblatt* 1967 in Anspielung auf die frühere Funktion des großzügigen Gebäudes, das nun als Bücherlager diente und bis heute Sitz des Verlages ist. Ein dunkelgrüner, mit Kinderbuchfiguren bemalter VW-Bus belieferte von dort aus die Buchhandlungen Hamburgs und war auch überregional häufig im Einsatz.

Mit dem Unternehmen wuchs der Stamm der Autoren: Kirsten Boie und Paul Maar wurden schon als junge Talente von Heidi Oetinger unterstützt und aufgebaut; neben ihnen zählen heute Christine Nöstlinger, Lieve Baeten, Sven Nordqvist, Henning Mankell und die zuletzt sehr erfolgreichen Cornelia Funke, Guus Kuijer und Suzanne Collins – um nur

einige zu nennen – zur großen Familie des Verlags. »Die persönlichen Kontakte einer Verlegerin zu ihren Autoren sind entscheidend«, wusste Heidi Oetinger; mit vielen Schriftstellern war sie daher gut befreundet. Neben Astrid Lindgren, der regelmäßig rosa Rosen und, zu Weihnachten, roter Burgunderwein als Gruß aus Hamburg geschickt wurden, waren ihr zwei weitere Autoren besonders ans Herz gewachsen: Erich Kästner und James Krüss. Kästner hatte sie im Anschluss an eine internationale Jugendbuchtagung in Basel kennengelernt – abends auf dem Tanzparkett. Der Kontakt hielt bis zu seinem Tod 1974, danach entwickelte sich eine gute Freundschaft zu Kästners Lebensgefährtin Luiselotte Enderle. Auch die Verbindung zu James Krüss war außergewöhnlich; auf seinen Wunsch hin chauffierte Heidi Oetin-

James Krüss, Astrid Lindgren und
Heidi Oetinger anlässlich des
80. Geburtstags von Heidi Oetinger, 1988

HEIDI OETINGER ZUM FÜNFUNDACHTZIGSTEN

5 Strophen für 5 Jahre jenseits der Achtzig

Liebe Heidi,mancher macht sich
Sorgen,weil er älter wird.
Du jedoch - mit 85 -
Bleibst mobil und angeschirrt.

Immer ja geht noch ein jedes
Neue Buch durch Deine Hand.
Immer noch trägt Dein Mercedes
Dich am Steuer forsch durchs Land.

Bleib so forsch. Und bleib so munter.
Füll so aus des Jahres Lauf.
Rolle keck nach Schruns hinunter
Und nach Hamburg wieder rauf.

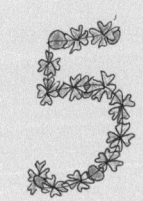

Mögst Du selbst mit 9o Jahren
Noch so reisefreudig und
Heiter durch die Gegend fahren,
Mopsfidel und kerngesund.

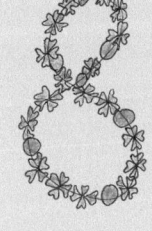

Liebe Heidi,mancher macht sich
Sorgen in des Alters Joch.
Du jedoch - mit 85 -
Trägst es kühn. Drum:

    VIVAT!

    HOCH!

    Herzlich

    Dein

    James

Gedicht von James Krüss
anlässlich des 85. Geburtstags von
Heidi Oetinger, 1993

ger ihn häufig zu Lesungen, manchmal bis nach Berlin. Spätestens nach dem Tod seiner Mutter wurde sie zur engen Vertrauten des Helgoländers. An runden Geburtstagen widmete er ihr Gedichte – im bestrickend charmanten, für Krüss so typischen Ton, wie hier zu ihrem Fünfundsiebzigsten: »Zwar, ich frage mich vergebens, wenn der Wind die Blätter treibt, wo in Deinem Herbst des Lebens eigentlich der Herbsthauch bleibt.«

Nicht nur James Krüss bewunderte die enorme Vitalität Heidi Oetingers. Auf den Messeständen in Frankfurt oder bei der Ausrichtung von Tagungen war sie nicht selten als Letzte unterwegs. Zusammen mit den Verlegerinnen Katharina Boje, Cecilie Dressler und Erika Klopp kämpfte sie in der überwiegend von Männern dominierten Branche für das Kinderbuch. »Wir haben uns auch vernetzt, hatten weniger Scheu vor gemeinsamen Aktionen als die Männer«, erinnert sie sich in einem Interview mit dem *Börsenblatt* kurz vor ihrem hundertsten Geburtstag – heute gehören die Verlage Dressler und Klopp der Oetinger Gruppe an; und auch der Ellermann Verlag wurde übernommen, als er in den Neunzigerjahren beim Kösel-Verlag, in dessen Besitz er sich damals befand, zunehmend ins Abseits geriet. Bis ins hohe Alter war Heidi Oetinger im *Arbeitskreis für Jugendliteratur,* in der *Erich-Kästner-Gesellschaft* und anderen Organisationen aktiv. Ihre Heimatstadt ehrte sie 1988 mit der Senator-Biermann-Ratjen-Medaille, 2009 empfing sie das Bundesverdienstkreuz Erster Klasse. Mit besonderem Stolz erfüllte sie jedoch eine Auszeichnung aus dem Land ihrer bekanntesten Autorin und besten Freundin: 1988 ernannte sie der schwedische König für ihre Verdienste um die Kinderliteratur zum »Ritter der Ersten Klasse des Königlichen Nordsternordens«. Zu jener

1988 wurde Heidi Oetinger vom schwedischen König
zum Ritter der Ersten Klasse des Königlich Schwedischen
Nordsternordens ernannt

Zeit hatte sich Heidi Oetinger bereits aus der aktiven Geschäftsleitung zurückgezogen und nahm bis zu ihrem Tod 2009 die Rolle einer beratenden Prinzipalin ein. Unter ihrer Ägide war der Betrieb zu einem der bedeutendsten Kinder- und Jugendbuchverlage Deutschlands geworden, zahlreiche Autoren verdanken ihr den Durchbruch. Heute leitet die Tochter Silke Weitendorf zusammen mit den drei Enkeln Heidi Oetingers das Unternehmen. »Die Bücher, die junge Menschen in die Hand bekommen, sollen ihnen zeigen, wie schön die Welt sein kann. Sie dürfen jedoch nicht vertuschen, daß es Schwierigkeiten, Gefahren, Enttäuschungen, Angst, Verlust, Trauer gibt. Aber die Kinder sollen mit solchen Problemen nicht alleingelassen werden. Sie sollen lernen, daß man damit leben muss und wie man damit fertig werden kann.« Dieses von Heidi Oetinger schon 1960 formulierte Programm verfolgt der Verlag bis heute – und ist damit sehr erfolgreich.

Literatur

Bake, Rita und Brita *Reimers, Stadt der toten Frauen. Der Hamburger Friedhof Ohlsdorf in 127 Frauenportraits.* Dölling und Galitz, München und Hamburg 1997

Blubacher, Thomas, *Gustaf Gründgens.* Ellert & Richter, Hamburg 2011

Brenken, Anna, *Ida Ehre.* Ellert & Richter, Hamburg 2002

Chadzis, Athina, »Die Choreographin und Tänzerin Lavinia Schulz«, in: *Frauen im Hamburger Kulturleben.* Hg. von der Elsbeth Weichmann Gesellschaft e.V. Christians, Hamburg: 2002 S. 61–83

Dünnebier, Anna und Ursula Scheu, *Die Rebellion ist eine Frau. Anita Augspurg und Lida G. Heymann. Das schillerndste Paar der Frauenbewegung.* Hugendubel, Kreuzlingen und München 2002

Ehre, Ida, *Gott hat einen größeren Kopf, mein Kind ...* Rowohlt Verlag, Reinbek bei Hamburg 1994

Entfesselt. Expressionismus in Hamburg um 1920. Museum für Kunst und Gewerbe, Hamburg 2006

Gatter, Nikolaus, »Kampf um das Gedächtnis der Revolution. Ludmilla Assing (1821–1880) und Karl August Varnhagen von Ense (1785–1858)«, in: *Akteure eines Umbruchs. Männer und Frauen der Revolution von 1848/49.* Bd. 3. Hg. von Walter Schmidt. Fides Verlag, Berlin 2010, S. 11–53

Harpprecht, Klaus, *Die Gräfin. Marion Dönhoff.* Eine Biographie. Rowohlt Verlag, Reinbek bei Hamburg 2010

Hempel, Dirk und Friederike Weimar (Hg.), *»Himmel auf Zeit«. Die Kultur der 1920er Jahre in Hamburg.* Wachholtz Verlag, Neumünster 2010

Heymann, Lida Gustava und Anita Augspurg, *Erlebtes – Erschautes. Deutsche Frauen kämpfen für Freiheit, Recht und Frieden 1850 –1940.* Hg. von Margrit Twellmann. Ulrike Helmer Verlag, Frankfurt am Main 1992

Hildebrandt, *Irma, Immer gegen den Wind. 18 Hamburger Frauenporträts.* Piper Verlag, München 2007

Hoffmann, Traute, *Der erste deutsche ZONTA-Club. Auf den*

Spuren außergewöhnlicher Frauen. Dölling und Galitz, Hamburg und München 2006

Hurlebusch, Klaus, *Friedrich Gottlieb Klopstock*. Ellert & Richter, Hamburg 2003

Klessmann, Eckart, *Geschichte der Stadt Hamburg. Die Hanse*, Hamburg 2002

Klessmann, Eckart (Hg.), *Hamburg. Ein Städte-Lesebuch.* Insel Verlag Frankfurt am Main und Leipzig 1991

Klopstock, Meta, *Es sind wunderliche Dinger, meine Briefe. Briefwechsel mit Friedrich Gottlieb Klopstock und mit ihren Freunden 1751–1758.* Verlag C.H. Beck, München 1988

Kuenheim, Haug von, *Marion Dönhoff.* Rowohlt Verlag, Reinbek bei Hamburg 2003

»Meine liebste Madam«. Gotthold Ephraim Lessings Briefwechsel mit Eva König 1770 –1776. Hg. von Günter und Ursula Schulz. Verlag C.H. Beck, München 1979

Lühe, Irma von der, *Erika Mann. Eine Lebensgeschichte.* Rowohlt Verlag, Reinbek bei Hamburg 2009

Oelker, Petra, *»Ich küsse Sie tausendmal«. Das Leben der Eva Lessing.* Ullstein Verlag, Berlin 2009

Raabe, Paul, *Eva König.* Mit einem Geleitwort von Helmut Schmidt. Ellert & Richter, Hamburg 2005

Schaser, Angelika, *Helene Lange und Gertrud Bäumer. Eine politische Lebensgemeinschaft.* Böhlau, Köln, Weimar und Wien 2010

Schiefler, Gustav, *Eine Hamburgische Kulturgeschichte 1890–1920. Beobachtungen eines Zeitgenossen.* Verein für Hamburgische Geschichte, Hamburg 1985

Scholz, Kai-Uwe, *Literarisches Hamburg. 99 Autoren. Wohnorte, Wirken und Werke.* Verlag Jena 1800, Berlin 2002

Schulze, Sabine (Hg.), *Rosa. Eigenartig grün. Rosa Schapire und die Expressionisten.* Hatje Cantz, Ostfildern 2009

Schwarzer, Alice, *Marion Dönhoff. Ein widerständiges Leben.* Kiepenheuer & Witsch, Köln 2010

Teibler, Claudia, *Münchnerinnen, die lesen, sind gefährlich.* Elisabeth Sandmann Verlag, München 2010

Thomsen, Hargen, *»Amalia Schoppe – Anatomie einer biedermeierlichen ›Literaturfabrik‹.«* In: Nordelbingen 63 (1994), S. 161–204

Thomsen, Hargen (Hg.), *Amalia Schoppe. »... das wunderbarste Wesen, so ich je sah«. Eine Schriftstellerin des Biedermeier (1791–1858) in Briefen und Schriften.* Aisthesis Verlag, Bielefeld 2008

Ueckert, Charlotte, *Hamburgerinnen. Eine Frauengeschichte der Stadt.* Die Hanse, Hamburg 2008

Walter, Sabine (Hg.), »Wir sind so jung – so sonderbar«. Klaus Mann und die Hamburger Kammerspiele. Edition Fliehkraft, wwHamburg 1999

Wegner, Matthias, Aber die Liebe. Der Lebenstraum der Ida Dehmel. Claassen, München 2000

Wegner, Matthias, Hanseaten. Von stolzen Bürgern und schönen Legenden. Pantheon, München 2008

Dokumente zu Clara Reyersbach, bereitgestellt von Rainer Nicolaysen von der Arbeitsstelle für Universitätsgeschichte der Universität Hamburg.

Dokumente zu Heidi Oetinger, bereitgestellt von Silke Weitendorf und dem Archiv des Verlags Friedrich Oetinger GmbH, Hamburg.

Bildnachweis